［著］
斎藤敏一
Toshikazu Saitou

すべてがひっくり返る

これから世界は［完結編］

From now on, the world will be dominated by Japan?

日本一国になる?!

アジマリカンと艮の金神
〈一厘の仕組み〉の奥義

はじめに

パンデミック条約反対デモ行進風景

〃パンデミック条約反対！〃、〃ワクチン反対！〃、〃ＷＨＯ脱退！〃、〃ＩＨＲ改正反対！〃（ＩＨＲとはＷＨＯが定める国際保健規則の略称）。

これは去る２０２４年5月31日、日比谷で行われた「ＷＨＯから命をまもる国民運動　大決起集会とパレードデモ」のスローガンである。

筆者も日比谷野外音楽堂で開催された集会に参加し、お互いに顔も知らない人々に混じってデモ行進をしてきた。行かずにはおれなかったからである。参加者は五万人以上とされる極めて大規模なデモだった。

日本国内では、このような大規模デモはここ数

NHK はネット等に拡がるワクチン反対の情報を誤情報と決め付けている。何十万人という超過死亡者やワクチンで苦しむ人たちを無視している。

十年なかった規模のものなのだが、当然報道すべき大手メディアは完黙を決め込んだままで一切報道しない。これは間違いなく異常事態である。

極めておかしなことが起きているのである。これは日本国内だけではなく、〝今世界中で起きている極めておかしい出来事〟の一例である。

もう少し分かりやすい事例としては、YouTuber がアップした動画がバン（BAN＝禁止、削除）されるという現象があげられる。アカウント・バンと言って、YouTuber のアカウント自体が削除されてしまう現象も起きている。このように、Google 社は特定の情報や YouTuber の存在自体を〝無〟にしているのだ。これは明らかに検閲である。

もう一つの事例としては、〝NHKが新型コロナワクチン関連情報やWHO関連情報に対して「誤情報」のレッテルを貼る〟という出来事があった。つい先日も、筆者も参加したワクチン反対集会&デモに関して〝誤情報報道〟を行ったばかりである（NHKホームページ〈https://www3.nhk.or.jp/news/html/20240601/k10014468551000.html〉。

NHKはホームページ上で「感染症対策を世界的に強化するための『パンデミック条約』について、国家の主権や基本的人権が損なわれるとか、ワクチンの強制接種が行われるといった、事実ではない誤った情報がSNSで広がっています」と報じた。だが、NHKこそが今まで一貫して誤情報を垂れ流している。

DS（ディープステート）直下のWHO・日本政府・厚労省は着々と多数のワクチン死者を想定して葬儀場の新設・整備を含めたアジェンダを推進中である。中国資本の葬儀場がどんどん日本に新設されているのだ。彼らがワクチンによる日本人の大量殺戮を目指していることは火を見るよりも明らかである。これは未必の故意を超えて殺人罪が適用されるべきケースだ。

筆者は自身がデモ行進に参加して、〝ワクチン反対〟を叫んできたのだが、「NHKのワクチン関連報道そのものが誤情報である」と2020年当初から明確に認識している。ワクチンを何回も打った結果として、死亡したり重い病気になって苦しんでいる人々が多過ぎるのだ。それが数十万人とも言われる超過死亡者数として報じられているのだが、政府（特に厚生労働省）や大手メディアはまったく取り上げない。

ワクチンの副反応で原因不明の重病人が現在も多数発生しており、多くの人々が正常な生活を送れなくなっている。苦しんでいる方々の実数は極めて多く百万人単位と推定されるが、〝新型コロナワクチンが原因で病気になった〟という認定は遅々として進んでいない。

史上最大の薬害が起きてしまっているのだが、厚生労働省はそれを認めようとせず、岸田首相は〝日本を新しいレプリコンワクチンの治験大国にする〟と内外にアナウンスしているだけでなく、複数のワクチン工場を既に稼働させており、日本だけでレプリコンワクチンの治験を開始しているという。そういう恐ろしい事態になっているという話だ。

現在、日本国内や世界で起きている、新型コロナウイルス騒動やワクチン被害と呼ばれる現象は、一体何を意味しているのだろうか⁉ 世界に目を向ければ、ロシア・ウクライナ戦争やイスラエル・ハマス戦争はどうして起きたのか気になって仕方がない。

これらの出来事は一見無関係に見えるが、実は密接に関係している。**「一厘の仕組」という神の最終計画が私たちの目の前（＝現実世界）で進行している**のである。これはまさに**「とどめの戦＝神vs.悪魔の最終戦争」**で、現在、とどめの戦は最終局面を迎えている。

筆者の認識は「既に神側の勝利が確定した」というもので、「現在の日本と世界の混乱は悪魔側の断末魔の悲鳴である」という解釈になる。

ここで「神」は心ある普通人の中に入って働かれることを強調したい。

筆者の解釈はともかく、まだまだ浮かれているような状態ではなく、戦況は予断を許さないところだ。だが、**神（＝普通の人間）の側が勝つ**。これが既定路線である。

＊　＊　＊　＊　＊

「神vs.悪魔の最終戦争」とは、聖書的な言い方をすれば〝ハルマゲドン〟であり、〝第三次世界大戦〟でもある。地球が滅亡するような大災害が起きたり、小惑星が地球に衝突して全人類が滅亡したりといった大厄災だけがハルマゲドンなのではない。今現在がハルマゲドンなのである。これが分からないと戦いようがない。

ハルマゲドン＝世界最終戦争を起こしたがっている勢力がいて、意図的に悲惨な状況（新型コロナウイルスによるパンデミック、ロシア・ウクライナ戦争、イスラエル・ハマス戦争、その他世界各地の紛争、様々な社会問題）を計画的に起こしているのだ。

意図的に悲惨な状況を起こしている勢力とは、悪魔に魂を売った連中（ＤＳ＝ディープステートという言葉は今や当たり前になってきた）で、日本国内にも悪魔の手下がはびこっており、そういう連中が法律や条令を作って日本国民の永久的奴隷化を進めている。

彼らは人々の命が失われることをまったく意に介することはないため、積極的に人殺しを続けている。コロナワクチンによって多数の人々が死亡したり、その死者の何十倍もの人たちが原因不明の病気になって苦しんだりすることを分かった上で、ワクチンを推奨して犠牲者を増やしている。

あるいは、ウクライナ兵が全滅することも意に介さず、ウクライナに武器を供与して戦争を継続させたがっている。そういうことは普通人の感覚では絶対不可能で、多くの人は夢にも思わない。そういうことを悪魔側はやってくるのである。

岸田首相率いる日本政府は、閣議＝密室会議だけで勝手に色々な政策（ワクチンの強制、インボイスによる増税、マイナンバーカード利用の強制、ウクライナへの復興支援金の拠出、能登半島地震被害者の無視、反ロシア・反中国の好戦的空気の醸成、地方自治体法の改悪、緊急事態条項の追加による憲法改悪、等々数え切れない）を決めて、次々と進めている。

これらの**意図的に起こされつつある災い（我々普通の日本人にとっては大災難である）が悪魔の所業である**ことは否定しようがない。

こういう戦争が実際に起きるとは、学生時代以降の数十年間、本気で考えたことはなかった。だが、実際に起きてしまっているのだ。しかも、それらはすべて計画的に起こされている。悪魔でなければ為し得ないことである。

一方、現在日本や世界中で起きている困難に対して、「悪魔がやっている」とハッキリ認識して、反撃ののろしを上げ、**戦い続けている人々（＝神の戦士たち）**も多数存在する。

今や〝神vs.悪魔の最終戦争〟の構図は明確になってきているが、そのことを知っているのは、今のところ少数派（日本国内では数パーセント以下）である。

どうして少数しか〝神vs.悪魔〟の構図を認識しないのか⁉

それは、**日本国民の大多数が悪魔勢力によって念入りに洗脳されている**からだ。

日本人が洗脳された歴史は、少なくとも明治維新前後までさかのぼることができる。洗脳とは多くの人が気付かないうちにしてやられるもので、その手口は巧妙である。いつの間にか悪魔側が有利になるような価値観や思想を刷り込まれてしまうのだ。

日本人が悪魔による洗脳のターゲットとなって久しい。明治以降より進み、弥勒の世（現在）になってからは、洗脳から目覚めて、〝神vs.悪魔〟の構図を理解する人が増えてきた。


筆者も長い間、普通の社会人として、日本が良い国になっていくという希望を持ちながら頑張ってきたのだが、日本社会は良くなるどころか悪くなる一方だ。現在の日本政府がやっていることについて文句を言い出したらきりがない。

「日本社会の頂点となっている支配側の人たちは善人ではなく、積極的に悪を遂行する悪魔なのではないか」というのが本書執筆の動機の一つである。その悪魔の支配は日本一国だけではなく、今や全世界を覆っており、どうしようもないところまで来てしまったのではないのか。「悪魔の支配を一気に打ち破る方法はないのか」と考える毎日である。

悪魔の手練手管は年季が入ったものだし、悪魔の手下たちは有り余るほどの金を持っている。その豊富な資金を使って、日本民族を消滅させるための念入りな仕組を進めているのである。調べれば調べるほど、悪魔の手口は狡猾無比、情け容赦のないもので、冗談ではなく、このまま手をこまねいていれば、日本はあまり長くは持たない。

ここしばらくの間、「どうして悪魔などという奴らがいるのか!?」という疑問が筆者の頭から離れなかった。人類の進歩にとって悪魔が果たす役割というものがあるはずだ。そうでなければ、神は宇宙を設計する際、大きなミスを犯したと考えざるを得ない。

悪魔について考えあぐねて、衛星放送で動物病院の番組を見ている時に、ふと閃いた。「悪魔とは、人類が最終戦争に打ち勝って弥勒世を迎えるために、わざわざこの宇宙に導入されたのだ」と。そう考えなければ、悪魔の存在を許している神が悪いのだということになる。

今まさに人類は最終戦争を戦っている。最終戦争が佳境となっている現在、悪魔が我々人類の前にその姿をハッキリと現わしてきた。

金も権力も洗脳も民主主義もすべて悪魔の道具である。これらの「悪魔の道具」は大いなるまやかしである。我々人類は、それらがあたかも大切なものであるかのように洗脳されてきただけだ。我々の社会が次なるステップ＝「悪魔のいない平和で温かい世界を構築する段階」に移行するために、悪魔がそれらのツールを最大限容赦なく使ってきたのだ。世界はそういう仕掛けになっていたのではなかろうか。

悪魔を打ち破る計画が日本の歴史の中に秘められていた。その計画こそが「一厘の仕組」であり、**一厘の仕組は既に完成しているのだ**。筆者の長年の希望が現実のものとなる。実を言えば、悪魔ＤＳは我々普通の人間に依存しなければ生きていけない寄生的存在なのだ。実際には我々普通人の方が強いのだが、寄生生物をやっつけるには相手に応じた処方箋がある。悪魔に対する正しい対処方法は、悪魔の正体を見抜くということで、「悪魔さん、あんたの正体は丸見えだよ」と宣告することだ。先ずは悪魔に〝Ｎｏ！〟の意思表示を。

金、権力、洗脳、民主主義等の政治体制、これらは悪魔が古代からの悪知恵を結集して綿密に構築したものである。人類は、次から次へと出てくる現在の困難（悪魔の仕業）を適切な方法で克服しなければならない。アジマリカンという言霊も一つの方法論である。

筆者は、アジマリカンという言霊を人に伝える立場にあるが、アジマリカンのエッセンスを本書の諸処にちりばめている。アジマリカンの使い方は完全に各人の自由であるが、人によって使い方も変わってくるし、効果も様々である。どんな場面でも使用可能だが、呪文ということで注意点があるので、ここでお伝えしておきたい。

呪文とは字面から判断するに「呪いの言葉」という意味合いを含んでいる。ただし、これは筆者独自の解釈であり辞書を引いても出てこない。

「アブラカダブラ」にしろ「ジュゲムジュゲム」にしろ、呪文というものは元来呪うための言葉なのだ。その意味では使用上の注意点がある。

意図して呪わないでいただきたいのだが、「アジマリカン」が呪いの働きをする場面もある。それは、ある人物（加害者）が裏切りや暴力、いじめを行ったり、謀略等を企てたりした場合、加害者が被害者によって呪われるということは起こり得る。

現在の日本政府のやっていることは、被害者である国民から呪われかねない事柄ばかりである。そういうケースで被害者側がアジマリカンを使った場合、加害者側がひどい目に遭うということは十分に想定できるのだ。これは歴史（例：崇神天皇に大物主神が崇ったこと）の法則である。

例えば、筆者が岸田首相や日本政府に向かってアジマリカンを使ったらどうなるだろうか。現在のところ、何かが岸田首相に起きたという情報はないが、岸田首相に何か起きる可能性はある。日本政府の闇に向かってアジマリカン（＝光）を送ってみようと思う。

＊　＊　＊　＊　＊

以下、本書成立の背景となる事情について説明させていただきたい。

筆者は足かけ七年間、筆者個人のサイト〝あじまりかん友の会〟を立ち上げ、その間40冊ばかりの会報『あじまりかん通信』を紙にこだわって発行してきた。だが、その活動もようやく終わりを迎えた。本書は最後の会報一年分＝六冊をまとめたものだ。

本文はできる限り会報の原文を残すようにした。つまり、筆者が「一厘の仕組」の実際について何も分からず、思い付くままに会報の内容をひねり出してきた経緯そのものが重要だと思うからである。

会の活動を開始した直後の2018年と2019年に、ヒカルランドより『すべてがひっくり返る』、『すべてがひっくり返る　続編』を出版させていただいたという経緯がある。あじまりかん友の会を始めたのは2017年末、当時二冊の本『「あじまりかん」の法則』（以後A）と『アジマリカンの降臨』（以後B）を出版した直後だった。

Aは「あじまりかんで個人的な願いを叶える」という主旨、Bは「あじまりかんで最終的に人類が救済される」という主旨のものだった。

A・Bの出版当時人気が出たのは、個人の願望実現に主眼を置いたAだった。だが、筆者が本当にやりたかったのはBで「日本と人類が完全平和を得る」というものだった。

筆者はAにはあまり興味がなく、Bをやりたかったので、必然的に、語る内容が日本や人類の運命に関わる内容へと推移していった。個人の願いについては、「自分についても他人であっても、死ぬ時に後悔しない生き方ができればよい」ぐらいのものだった。

筆者には二十代の頃から「**隠された日本の神を明らかにしたい**」という強い念願があり、『あじまりかん通信』は必然的にそういう話が多くなっていった。

筆者には「**日本がまともな国にならなければ世界も治まらない**」**という信念**があり、そういう話題に終始してきた。この信念こそが「一厘の仕組」の基本コンセプトである。

日本の歴史から神の実在の証拠を掘り出して発表することによって神が表に出る。

〝一厘の仕組〟については、色々語られている割には定義も曖昧だが、とにかく**日本の中核神を表に出せばよい**。その結果として**弥勒世は完成に向かう**。

一厘の仕組とは、一言でいえば「**日本の仕組**」である。日本の仕組という言葉が意味する内容は非常に深淵であって、旧来の様々な予言――ヨハネの黙示録、ホピの予言、マヤの予言、ババ・ヴァンガの予言、ｅｔｃ．――を〝日本の仕組〟へと書き替える作業だ。

日本の仕組が発動することで、日本が世界の中心となる物語が本格的に開始される。

この物語は日本の隠された歴史を知らなければ絶対に分からないものだ。何千年間も日本の仕組は隠されてきたのだが、その中核の仕組を担当する当事者でも分からないという性質のものだった。

分かる人には分かるのが神という存在である。

一厘の仕組（＝日本の仕組）を遂行されるのは日本の中核神だが、その神の意志を受けた人々がそれとは知らずに動かされることによって仕組は進められる。本当に日本を愛する人々が神によって自然に動かされるのである。もちろん、日本の中核神は目に見えない存在だが、感じることは可能である。

だから、一厘の仕組を実行しようと思ってもできるものではない。一厘の仕組という言葉を知らなくても、愛国心（日本を愛する心）があれば、神によって自然に動かされるのである。

〝日本の仕組〟という発想は筆者が日頃考えていることの結論だけを示すもので、「世界が平和になるには日本の仕組を発動するしかない」という確信から出ている。

なお、ノストラダムスは、アジマリカンを「大きなメシーの法」として予言していた。「大きなメシーの法」については、当会ホームページ「アジマリカンの正体番外編―大きなメシーの法」〈https://ajimarikan.com/2021/11/22/nostradamus_low_of_messiah/〉を参照されたい。

そしてついに昨年の暮れ、**「一厘の仕組は既に完成している」という神の声**を聞いたのだ。筆者の人生のテーマが完成したという意味である。その経緯を含めて、色々なことを会報に書いてきたのだが、第40号でとうとう総仕上げになってしまった。

前述の「神の声」の主《ぬし》は誰かが問題だが、本書をまとめている時にだんだん感じるようになってきたのは**須佐之男命**《すさのおのみこと》（「素戔嗚尊」とも）という存在だ。須佐之男命は、伊邪那《いざな》岐命《ぎのみこと》から〝汝が命は海原をしらせ〟の命を受けており、海原＝地球を治める神である。

一厘の仕組の中核神は須佐之男命らしいのだ。

一厘の仕組の目的が達成された結果、それを証拠付ける大事件が起きた。その大事件とは「**2024年4月13日の〝パンデミック条約反対デモ〟**」である。筆者もその大事件に参加して、日本人の覚醒を実体験したのだ。

人類史上の最大の破局「人類滅亡」は寸前のところで食い止められた。

どなたも明確には意識されていないことだが、「**日本の中核神＝須佐之男命が表に出る**」という大事件が起きてしまったのだ。そこまで**筆者の立場で確認できた**ので、「色々なことが起きても、これからは日本も世界も良くなっていくしかない」と信じる。

＊　　＊　　＊　　＊　　＊

本文中に登場する「地球維新」という言葉の意味を定義しておきたい。

筆者は既に『結び、愛国、地球維新』、『愛子天皇と地球維新』という作品を上梓している。これらの作品は「近未来に地球維新が行われる」という予測に基づいているが、残念ながら筆者の発案ではない。

「地球維新」という言葉は、坂元ツトム氏の本『UFOは才二《だいに》の黒船だ』（たま出版、1975年）から拝借したものだ。同著の副題は「地球文明の危機を警告する」となっている。

坂元氏は、同著の出版当時（昭和50年頃）より、「地球文明は危機的状態（物質文明の暗黒時代）にある」という認識のもとで論を展開されている。

氏は「UFOは地球人への警告のために現われている」と真剣に語っている。「マイナス科学」等の氏独自の用語の定義は必ずしも分かり易いものではないが、氏の主張「日本から第二のルネサンス＝地球維新が起きる」は昭和50年当時の坂元氏の認識である。

同書は示唆に富んだ作品だが、あまりにも話が進み過ぎており、昭和50年時点での出版はちょっと早過ぎた感がある。

坂元氏は二、三十年後に危機的状況になると予想していたが、**ついにその時が来た**のだ。

前掲書の出版当時から50年近く経過した現在こそ、同作品の主張が当てはまる維新の時だと感じる。

筆者は前掲書の「地球維新」という言葉を今まで使ってきたが、「地球維新ではなく令《れい》和《わ》維《い》新《しん》の方が妥当なのではないか」と思い始めている。なぜなら、徳仁《なるひと》天皇が即位されて数年後の現在が、令和維新に相応しい気が満ちている時代だと感じているからだ。

令和維新は一厘の仕組の最終プロセスであり、令和維新は既に開始されている。これが本書の主題となる。

＊　　＊　　＊　　＊　　＊

筆者がこれまで会報に書いてきた内容のすべてが正解そのものだったというわけではない。恥ずかしながら、次のように（間違って）思い込んでいたこともある。

（1）Ωデイがやって来る件

〝Ω《オメガ》デイ〟とは当初は、オイカイワタチの渡辺大起氏の主張の中から得たアイデアである。具体的には、渡辺氏が『宇宙からの黙示録』（徳間書店、1982年）の冒頭で宣言した「その日、その時、地球を覆うほどに膨大な数の〝宇宙船〟と〝空飛ぶ円盤〟が訪れる」という渡辺氏の幻視が実現する日を意味する。

その解釈は間違いではないが正解ではなかったということだ。

「Ωデイ＝地球人類の救いが確定される日」だとすれば、本書の主旨に合致する。本文では最初は前者の意味でΩデイを捉えていたが、いつの間にか後者に切り替わってしまい、後者の方が正しいことが明らかになった。一厘の仕組とは後者に関係しているが、**Ωデイは既に起きてしまった、バンザイ！**（詳細は本文で）。

（2）『エイリアンインタビュー』に騙された件

フィクションが語る内容を信じた（まんまと騙された）こと。この本は「1947年、米国のロズウェルに墜落したUFOの生き残り搭乗者（エイリアン）が、一人の女性にテレパシーで伝えた真相を語る」というものだが、よくできたファンタジーだった。だが、面白かったので夢中になったことは事実である。

この本は日本語訳が非常に悪いし、訳者が誰かも分からないというひどい代物だった。内容に関して誰も責任を負わないという、筆者の読書経験の中でも稀に見る出鱈目《でたらめ》な本であった。

こういう本はあってはならないと思うが、面白さ（プラス面）とインチキさ（マイナス面）を足したら〝ゼロ〟となる。とにかく会報の中で取り上げてしまったので、取り消すことができない。

同作品の悪影響が本書の中にも残っている。「エイリアンインタビュー」の話題が出てきたら、「筆者（斎藤）がエイリアンインタビューに騙《だま》されている状態だ」と思っていただいても差し支えない。

（3）『日月神示』と一厘の仕組の関係

『日月神示』の一厘の仕組の説明はアジマリカンの定義とは大いに異なるものだった。むしろ、出口王仁三郎の『霊界物語』の方がアジマリカンの定義に合致していた。『霊界物語』は筆者の仕事「アジマリカン」を予言していたことが明確になった。

ただし、出口なお（『大本神諭　天之巻』）、出口王仁三郎（『霊界物語』）、岡本天明（『日月神示』）のどなたも、部分的にしか日本の中核神を把握できなかった。そのため、艮《うしとら》の金神《こんじん》はその存在感を匂わせただけだったのだ。

『日月神示』がかなり艮の金神の存在感を示せていると思うが、一厘の仕組の根本は伝えていない。その理由は、岡本天明が正しい日本の歴史を知らなかったためだ。記紀に書かれた内容をありがたく拝聴しているだけでは、日本の神の正体は分からない。

ヒントは〝日本建国〟である。日本建国時に降臨した神の正体（これが根本である）が分からないと一厘の仕組は完成しない。曲がりなりにもその神のことを語っているのは筆者だけである。

（4）対象となる読者

前述の二者択一問題、すなわち、「A．あじまりかんで個人的な願いを叶える」なのか「B．あじまりかんで最終的に人類が救済される」なのかが大きな問題となった件について筆者は大きな間違いを犯していた。

筆者の間違いとは、「どういう読者に筆者のメッセージを届ければよいのか？」という問題が解決されていなかったことにある。

この問題に関しては筆者も最初から分かっていたのだが、筆者は無名なので、適切な届け先（＝読者）を選べるような立場にはなかったという個人的事情に影響された。これは筆者の営業センスのなさということに起因している。

筆者の作品は完全に読者を選別してしまっていた。読者の条件は「愛国心を持って世界のありのままの姿を知りたいと思っていること」のみである。**私たちの国・日本を心から愛している人たちに本書をお届けしたい。**

前記の（1）〜（4）のうち、「（1）Ωデイがやって来る件」が本書の最大の眼目である。

Ωデイがやって来るという筆者の予測は間違っていなかったのだが、それは〝天〟の方からではなく、この日本の〝地〟（日本列島内）で起きてしまった。未来形ではなく過去形である。Ωデイを起こしたのは一般の名も知らぬ日本国民だったのだ。

既に起きてしまったΩデイ（事件X）とは一体何か？　どうして事件Xが起きたのか？

「一厘の仕組の完成」とは一体何事だった（過去形である!!）のか。

また、一厘の仕組がどういうプロセスで進んでいったのか……。

過不足なくお伝えしようと思っているが、筆者は一厘の仕組の詳細は知らない状態で作業を進めなければならなかった。

そのため、会報を執筆しながら、「①現在の日本と世界で起きていることを観察する」→「②世界情勢は〇〇〇のように推移する、という仮説を立てる」→「③仮説に問題があれば修正する」→「④最初に戻る」といった作業を繰り返した。

前記の繰り返しの中で、「一厘の仕組は既に完成している」という内なる声を聞いて、本当に艮の金神が表に出たと信じられる状態になったのだ。

本書は、「神（特に日本の中核神）の実在に関する秘密の開示」という筆者の欲求から発している。後で読み返すと、書かれた言葉以上の秘密教義が隠れていることに気付くのだ。

〝アジマリカン〟とは密教である。よって、〝アジマリカン〟を自分のものとするには先ずは体感を必要とする。つまり、本書を理解するには少なくとも〝アジマリカン〟を唱える（念《ねん》ずる）といった修行が必要だということになる。既に修行ができている方であれば、いきなり本書の内容を理解できる可能性もある。

修行が必要かどうかは読者次第であるが、以下老婆心ながら修行の秘訣をお伝えする。

修行の秘訣は、〝アジマリカン〟という音・響きと一体化することにある。自己の全存在を〝アジマリカン〟の響きの中に投ずるという精神操作を行うのだ。繰り返すうちに、自分が消えて〝アジマリカン〟の音だけになる瞬間が来る。そうなればしめたものだ。

〝アジマリカン〟と唱えることによって、自分の中に〝アジマリカン〟の実体を取り込むことができる。それに成功すれば、体内の〝アジマリカン〟の音が活きもののように感じられる。そのことをもって〝アジマリカン〟を体感できた状態となる。「〝アジマリカン〟とは密教である」と述べたのは、「体感できるところまで修行せよ」ということである。

〝アジマリカン〟という言霊によって、本書の内容が正しく伝われば、筆者が語る神（日本の中核神）ご自身が臨在されるという事態も想定可能である。

誰でも神を体感できるなどという甘い嘘はつきたくないが、すべての疑問を解く鍵は〝アジマリカン〟の響きの中に存在する。あなたも、〝アジマリカン〟が明かす一厘の仕組の謎に挑戦していただきたい。

これから世界は【日本一国】になる?!　目次

第二章　Ωデイと宇宙人……73

第三章　日本の中核神を表に出す……111

第六章　弥勒世完成が確定した！

カバーデザイン　フォーチュンボックス　森瑞
校正　麦秋アートセンター
本文仮名書体　文麗仮名（キャップス）

第一章　Ωデイを迎える前に

執筆期間：二〇二三年六月十六日～八月十五日

『日月神示』はΩデイを予告していた

筆者は、数号分の会報の連載記事をまとめて、新刊『エイリアンから日本人へ　神世三剣UFOが最終戦争への勝利を告知した』として出版した。

その本の「第四章　神世三剣《かみよさんけん》UFOの秘密」では、東京環状8号線上空に出現した剣型のUFO「神世三剣UFO」について考察した（最終解釈は「おわりに」を参照）。また、前章の執筆中に読むことになった『エイリアンインタビュー』の衝撃的な内容について紹介した。

さらに、筆者の考える地球維新が開始される日を「Ωデイ」と命名した。ΩデイのΩとは「とどめの戦＝最終戦争」を意味しており、Ωデイとは「とどめの戦の決着日」である。その日にUFOの大軍が降臨する想定である。Ωデイの中心的国家は日本で、日本が地球の中心国としての本質を顕わす日である。Ωデイに関しては『日月神示』では次のように語られる。

【日月神示　第二巻　下つ巻　第二十帖［62］】

今度の戦は神力と学力のとどめの戦ぞ。神力が九分九厘まで負けた様になったときに、まことの神力出して、ぐれんと引繰り返して、神の世にして、日本のてんし様が世界まるめてしろしめす世と致して、天地神々様にお目にかけるぞ。てんし様の光が世界の隅々まで行きわたる仕組が三四五《みよいず》の仕組ぞ、岩戸開きぞ。

Ωデイとは「御世出づ《みよい》＝てんし様の光が世界の隅々まで行きわたる仕組」の成就する日である。また『日月神示』では、以下のような日本人への警告が語られる。

【日月神示　第七巻　日の出の巻　第十帖［２４６］】

悪の仕組は、日本魂をネコソギ抜いて了ふて、日本を外国同様にしておいて、一呑みにする計画であるぞ。日本の臣民、悪の計画通りになりて、尻の毛まで抜かれてゐても、まだキづかんか、上からやり方かへて貰《もら》はねば、下ばかりでは何うにもならんぞ。上に立ちてゐる人、日に日に悪くなりてきてゐるぞ。

現実世界の時間経過では、前記のように警告された事態が先に起こり（現在がその状態）、Ωデイはその後にやって来る。現在の日本では「上からやり方かへて貰う」は絵に描いた餅であって、国の仕組みそのものが悪になってしまって久しい。さて、Ωデイはいつなのかが問題となるが、もうすぐ（数年以内？）だと感じる。

本連載「あじまりかんの渦」にも、二ヶ月に一度締め切りがある。締め切り内に何を書くかは決まっていないことが多く、いつも書き始めてから方向性を検討していくことになる。本章を書き始めた時点では、Ωデイ後の世界について書こうとしていたが、時期尚早だったようだ。書くべき内容が出て来ない。

だが、六割程度書き終わった時点で方向性が出てきた。そろそろと本題に入ってゆこう。日本における時代とは年号、即ち、天皇の代替わり毎に時代が進むと言ってよい。少なくとも筆者は天皇と対応する年号をかなり意識した生活を続けている。Ωデイが来るのは令和時代＝徳仁《なるひと》天皇の在世中であると信じている。Ωデイは神界側では2010年代を想定していた気配があるが、十年ぐらい遅れている。

だが、徳仁天皇在世中にΩデイが来ることは間違いなさそうだ。

曖昧な言い方になることをお許し願いたいのだが、現在は弥勒世のとば口であり、神界側の「人類の苦しみを最小限にして、学びのために悪いものを出し尽くそう」という意図を感じるからだ。

つまり、聖書予言等の悪い出来事は、神の慈悲心が働いて、黙示録などで言われている通りではない形で展開しているように思えてならない。聖書予言等の悪い出来事に関しては、『神々の予定表』（山田高明、株式会社サイゾー）がよくまとめられており参考になる。同書は予言データの整理本としてありがたい。

先ずは、Ωデイが来る前の準備的な話を進めようと思う。

平成時代に悪魔（DS）が日本を支配した

平成の年号を掲げる小渕恵三官房長官（1989年１月７日）

平成時代は明仁天皇（現在の上皇）の時代だった。筆者は明仁天皇を善い人だと思っているが、平成時代が良い時代であったとはどうしても思えない。その辺りの事情は複雑だが、できるだけ単純に説明したい。以下は筆者の観察結果である。明仁天皇について忌憚のない考えを述べよう。

明仁天皇は、最初から左翼的マスメディアにマインドコントロールされていた。結果として、明仁天皇はＤＳの影響を受け、彼が即位した平成の日本では、首相も官僚も国会議員もマスコミも悪魔の手先となってしまった。平成時代に日本はほぼ完全に悪魔に乗っ取られたのである。

2004年10月28日園遊会風景

【補足：明仁天皇の愛国心について】

普通は前述のようなことは憚《はばか》りがあって簡単に書けることではない。明仁天皇に対する人格攻撃ではないので誤解されないようお願いしたい。

明仁天皇が人格的に立派な方であることと、平成の皇室がＤＳの影響を強く受けたこととは、直接の関係がない。日本政界とマスコミの雰囲気がＤＳ一辺倒になっているので、皇室関連報道や天皇陛下のお言葉が、マスコミに迎合した内容になる傾向が強かったという感がある。

以下のような事例が記録されているが、日本人が国旗「日の丸」を大事にするのは当然のことなので、

「平成天皇のお言葉は左傾化したマスコミにおもねる発言である」と感じ、筆者は無性に腹立たしくなった。筆者のように、明仁天皇の左翼マスコミ迎合に対して、怒髪天《どはってん》をつくほどの怒りを覚える人間もいるのである。

天皇陛下は（2004年10月）28日の園遊会の席上、東京都教育委員を務める棋士の米長邦雄さん（61）から「日本中の学校で国旗を掲げ、国歌を斉唱させることが私の仕事でございます」と話しかけられた際、「やはり、強制になるということではないことが望ましい」と述べた。（asahi.com『国旗・国歌「強制でないのが望ましい」天皇陛下が園遊会で』〈https://www.asahi.com/edu/news/TKY200410280332.html〉）

誰も表立っては明仁天皇を批判しないが、筆者は「明仁天皇には愛国心がなかった」と断じたい。日本国民の象徴たる天皇が米長棋聖の当たり前の愛国心を肯定できないようでは、日本はよい国とは言えない。

筆者には米長氏の愛国心が痛いほど分かる。明仁天皇は、感謝とねぎらいの気持ちを込めて「いつもご苦労さまです」といったお言葉を返すべきであった。

今の日本には「愛国法＝健全な愛国心を育てる法律」が必要である。国民の祝日にはあちこちの玄関に国旗がはためく国にならなければならない。「祝日は旗日《はたび》なので国旗を掲げる」というのは筆者の家では当然の行為である。

今や「旗日」という言葉も死語となっているが、これは日本国の異常事態なのだ。

これは大切なことなので強調しておきたいが、「愛国心」という言葉に拒否反応を示される方が多いが、日本という国が好きだということは素晴らしいことなのだ。

この国にはご先祖の心—日本を作ってきた人々の汗と血と涙の結晶—がギッシリと詰まっている。それは学ばなければ得られないものだ。「愛国心」という言葉にアレルギーを持たれている方は、是非とも歴史を学んで欲しい。愛すべきなのは、この国に詰まっている歴史や文化という宝石にも似た価値なのであって、決して現在の日本政府を愛せよということではないのである。

1998年の小渕恵三官房長官による「平成」年号の告知場面を鮮やかに思い出すが、この日に日本の転落が決定づけられたのだ。筆者はTVに映し出された「平成」の文字に何とも嫌なものを感じて、「これから日本はどんどん悪くなる」と直観していた。

精神世界系の論者の何人かは、元号の「平成」を「平和に成る」とか「一八十《いはと》成る」と解釈していたようだ。「平」という字を分解して「一八十《いはと》」と読んでいたが、「平和に成る」と「一八十成る」では意味が全く異なる。前者は文字通りの意味だが、後者は「神を閉じ込める」の意味だから、本当の平和ではない。

当時、平成を「一八十成る」と読んでいるにもかかわらず、全く反対の「平和に成る」と解釈していた人がいたので、面喰らってしまったことを思い出す。

平成時代に本当の平和が訪れることがなかったのだから、「一八十成る」の方が正しい解釈である。平成時代に神を閉じ込める岩戸が完成してしまったのだ。平成時代に対する最終評価は歴史が下すものだが、既に心ある日本人や識者は「**平成時代に多くの悪いことが起きた**」ことに気付いて語り始めている。

平成時代が悪魔に支配されていたことは、明仁天皇がDSによって教育された経緯（備考：ヴァイニング婦人による教育等を指す）からも明らかである。明仁天皇が善い人だったことと、彼がDSに洗脳された人物だったという事実は無関係である。

私たちが帰属する共同体（日本国家と日本社会、会社、組合等）は、平成時代にバラバラに解体されてしまったのである。DS（悪魔）の思うつぼであった。明仁天皇は悪魔の支配する時代に悪魔側から操られていたことが歴史的事実として明確になるであろう。

我が家では平成の途中からマスコミを完全に無視する生活に入った。地上波TVも見ないし新聞も読まない生活に入ったのだ。悪魔が流す洗脳情報など見たくないに決まっていいるではないか。

我が家（特に筆者と妻）では「マスコミは悪魔の手先だ」ということをはっきり分かっていたので、ＴＶは衛星放送のみ視聴し、新聞は一切読まないようになった。筆者は技術者であって、ジャーナリストではないので、地上波ＴＶも新聞も不要だったからである。これは感性の問題であって、理屈でどうこう言うことではない。単に「マスコミは悪魔の手先」だと分かったのである。

多くの国民に筆者のような感性があったならば、平成時代はもう少し良い時代になっていたかも知れないが、結果がすべてである。この時代に99％の国民は悪魔に洗脳されてしまったのである。

令和時代は神が日本（＝地球）を治める

徳仁天皇は神格を得られた方である。神が日本国の中心として立たれているのだ。筆者は明確にその事実を認識している。令和の皇室（特に天皇ご一家）は、平成の皇室とは全く異なり、神の御心に一致した素晴らしいご家族である。上に立つ天皇が素晴らしいから、令和の日本は素晴らしい国となることが既に決まっている。

現在は大浄化の最中で、様々な穢れが噴き出しているが、鎮静化した暁には新しい幸福な時代の幕が開けるであろう。

『日月神示』によれば、悪いのは神国日本の臣民ではなく「上に立ちてゐる人」だということだが、全くその通りである。日本の上に立つ人たちをごっそり入れ替えない限り、現在の日本は助からない。『日月神示』は、それが降ろされた大東亜戦争末の時点で警告していたのだが、その警告は糠《ぬか》に釘《くぎ》だったようだ。

令和の年号を掲げる菅義偉官房長官（2019年４月１日）

日本が滅亡の瀬戸際に立っている現在も大部分の日本人は洗脳されてしまっているため、その事実にすら気付いていない。

現在の日本は救いがたい状態だが、その原因の大部分は、「①大東亜戦争敗戦後の占領政策（その象徴が日本国憲法）、②平成天皇が結果的にＤＳの手先として動かされたこと」に求められる。②はきつい言い方になっているが、結果がすべてなので言うしかない。

そもそも民主主義という思想は、国家解体のための毒薬として、DSによってでっち上げられたものであって、今や民主主義ではにっちもさっちもいかなくなっているのだ。民主主義が駄目なことに気付き始めた人は言論界にも登場しつつある。しかし、筆者が主張する「神主主義」（または、神中心主義）といった代案を打ち出している論者はまだ現われない。まっとうな宗教心は常に必要だから、もっと神を語るべきである。

日本の有権者全員が民主主義という毒を飲んでしまっているので、誰も「民主主義（＝日本国憲法）を捨てよう」などとは言い出さないし、言い出せないのだ。日本国民を目覚めさせようと何とか頑張っている参政党なども同じである。参政党がやっていることは大旨正しいのだが、「民主主義」という路線がそもそも間違っていることが分かっていない（仮に分かっていたとしても言えない）。

徳仁天皇に国家の大権を奉還する真の大政奉還が必要だ。その時、徳仁天皇は単なる象徴（お飾り）ではなく、名実ともに日本の元首となる。その時には日本国憲法は廃止されており、現在の政府も司法機関も官僚組織も消え、新しい神聖国家が誕生する。近日中に日本国の運命はそこまで突き進むのである。

谷口雅春の〝世界天皇〟預言

今や答えは国民や国家権力の側にはない。そういう世情でも、筆者は「まだ天（＝神）があるじゃないか。地球維新は天の力を借りよう」と叫び続けている。

天の力とは「ＵＦＯ＆異星人」のことである。彼らはずっと以前から我々を助けに来ているのである。もちろん、悪いＵＦＯ＆異星人もいるが、大部分は善の側・神の側である。悪の異星人は地上（太陽系）から一掃されたという話があるが、恐らく嘘だろう。良い宇宙人だけが降りて来るならありがたいのだが……。

大本から出た生長の家教祖・谷口雅春は、次のような非常に重要な預言をしている。

過去に雛型《ひながた》みたいに出ておった事が今度本当に出てくるのであります。過去にも天孫降臨というものがありまして、雛型的に東海の一小島国《しょうとうこく》が日本の国となったのでありますが、今度はそれが大規模に実現しまして、東洋の小島国のみならず、全世界が日本の国となり大日本天津日嗣《あまつひつぎ》天皇陛下（＝世界天皇）一君《いっくん》によって統治されるという事が今度大規模に実現する天孫降臨ともいうべきものでありまして、今迄《まで》、諸外国には天孫が降臨し給うて治めてはいられないので大国主命《おおくにぬしのみこと》（即ち多くの国々の主権者）が別々に治めて居《い》たのであります。その結果、全世界とも完全に治まらなかったのであります。元来統治の主権者が地球上の複数にあるような事ではその統治が完全には行われないのは当然であります。そこで地上全体が本当に幸福になるには、東洋の小島国のみならず、全地上に天孫がお降り遊ばして、全世界を一君でご統治なさるようにならなければならぬのであります。（『古事記と日本国の世界的使命』光明思想社：「（＝世界天皇）」の挿入、および、傍線は筆者）

筆者を除いては、生長の家の谷口教祖だけが、「全世界を一君でご統治なさる」世界天皇に関して論理的説明を与えている。前記引用内の「全地上に天孫がお降り遊ばして」の意味は、世界天皇が立たれる時には全地球的な天孫降臨があるということだ。この「天孫降臨」とは一体何を意味しているのか……。

天孫とは天之日矛《あめのひぼこ》である

記紀に記述されている「天孫降臨」とは一体どういう出来事だったのか？　筆者は長い間疑問に思ってきた。

だが、UFO&異星人のことを調べるようになってからは解釈可能になってきた。天孫とは文字通り「天から降りた神人」だった。天孫とは（霊的に／技術的に）優れた異星人のことだったのだ。

記紀に登場する天孫とは天津彦彦火瓊瓊杵尊《あまつひこひこほのににぎのみこと》を差し、天照大神の孫に当たるから天孫となっているようだ。瓊瓊杵尊は大山津見神《おおやまつみのかみ》（または大山祇神《おおやまつみのかみ》）の娘・木花咲耶比売《このはなさくやびめ》（または神阿多都比売《かむあたつひめ》、神吾田鹿葦津姫《かみあたかあしつひめ》）と結ばれる。二人の間に火照命《ほでりのみこと》・火須勢理命《ほすせりのみこと》・火遠理命《ほおりのみこと》の三柱の子が生まれた。火遠理命の孫が初代天皇の神武天皇である（補足：筆者の認識では神武天皇は記紀編者による創作であるが、ここでは追求しない）。

瓊瓊杵尊は神話上の人物であると割り切ればよいのだが、『日本書紀』では神話自体が政治的創作なので、どこまでが伝承でどこからが創作か判別しがたい。『古事記』は『日本書紀』への対抗的主張のために後から成立したものだ。だから、『古事記』には「日本書紀』よりも真実が含まれると思う。しかし、焚書を免れるために書紀の内容を前提として書かれているので、真実を見極めるのは容易ではない。

記紀に登場する瓊瓊杵尊は単なる作り話としか思えない存在だが、縄文以前の天皇を想定すれば話は変わってくる。筆者の現在の見解とは全く異なる物語も存在する。縄文以前については本章で一部紹介する。

筆者の従来の調査では、大山祇神は紀元前二世紀頃に秦国から帰化した徐福である。徐福は間違いなく霊的に実在しており、日本を守護する神々の一柱として活躍していることを知っている。つまり、天皇家の大先祖《おおせんぞ》は帰化人徐福の子孫と関わりを持ったということで、実際に関わったのは天之日矛《あめのひぼこ》（武内宿禰《たけしうちのすくね》）、妻の神功皇后《じんぐうこうごう》、子の応神《おうじん》天皇である。

余談だが、応神天皇の皇子・大山守命《おおやまもりのみこと》が相模国の寒川神社に、父応神天皇の遺髪と祖母・神功皇后の弓矢を埋めた話が残っている（前田豊『徐福王国相模　古代秘史・秦氏の刻む歴史』彩流社）。記紀では大山守命は皇位の簒奪《さんだつ》を狙って水死した悪人として描かれたが、寒川神社の伝承とは大いに矛盾する。寒川神社の伝承の方が正しいのではないか……。

結論から言えば、天孫とは天之日矛に他ならない。

天之日矛の「天」、「日」、「矛」のどの字にも最大限の敬意が込められており、天之日矛は特別な人間だったことが分かる。これは天之日矛が神人であったことを意味している。日本国《やまとのくに》は神人・天之日矛らによって建国されたのだが、天之日矛は異星人ではない。瓊瓊杵尊ではなく天之日矛、神武天皇ではなく応神天皇である。異星人が来なくとも日本は建国できたのである。

天孫降臨とは天之日矛が伽耶《かや》の国から日本列島入りしたことに他ならない。記紀の天孫降臨は藤原不比等による政治的な創作神話（＝でっち上げ）であると知るべきである。

天孫降臨と異星人を結びつけたがる人は多いが、少なくとも日本建国においては異星人は表面的には参加していない。むしろ縄文時代にアヌンナキのイシュタル（卑弥呼を演じていた可能性もある）やエンリルらが日本列島にやって来て、縄文人たちを大いに驚かせたことの方が本当だろう。

神世三剣ＵＦＯは天孫降臨の告知？

記紀に書かれている天孫降臨について深掘りしたので、話が長くなった。

筆者が語る「まだ天があるじゃないか。地球維新は天の力を借りよう」という言《げん》は、谷口の語る「全地上に天孫がお降り遊ばして、全世界を一君でご統治なさる」と同義《どうぎ》である。前著『エイリアンから日本人へ』（日本建国社）で紹介した『エイリアンインタビュー』は確かに衝撃的であったが、1947年に米国のロズウェルで異星人によって語られたものだけに、内容はかなり欧米中心に偏っており、筆者のような日本人から見れば満足できないものだった。

同書の主役はエイリアン＝ドメイン遠征軍の女性士官〝エアル〟であった。エアルは未知の宇宙艦隊に所属する軍人だ。彼女が語る内容は英語の書籍群から仕入れたものだから、西欧文明に偏っている。よって、我々日本人にとっては十分な異星人情報とは言えない。

同作品の内容が科学的なところは良かったのだが、地球を管理すべき一種の資産・資源として捉えているところなど、（宇宙的な）植民地主義の最たるものであった。その意味で親しみを感じることができず、余り仲良くなりたいとは思えないエイリアンだった。

異星人エアルの発言内容に関する筆者の理性的判断はそのようなものだったが、霊的にはエアル（らしい霊）と接触することができ、筆者との間に不思議な共感関係が生まれた。

人間を永遠の生命「ＩＳ《いず》－ＢＥ《びー》」とする人間観は、米国発の読み物としては画期的なものであり、悪くはなかった。だが、そこには日本民族の信条である八百万の神は存在せず、少なくとも日本的な価値観ではなかった。同書の内容は面白いが、ひっくり返るほどのものではない。同書は判定不能な内容を含む一種の雑音（＝惑わせる材料）だったというところで保留状態となった。

ところが、筆者はもっと重要なメッセージを受け取っていた。

筆者が『エイリアンインタビュー』を読む数日前に見た動画「神世三剣ＵＦＯ」（オリジナル動画『I photographed three mysterious sword-like lights above Ring Route 8. in Tokyo, Japan.』〈https://www.youtube.com/watch?v=_YpeYsI646s〉）の方が重要かつ本質的であることに気付かされた。神世三剣は日本在住の外国人によって撮影された。左写真のように数秒間のアニメーションとして投影されており、サービス満点である。

神世三剣は
天孫降臨の告知か !?

最初に光体 UFO が出現

中央に１本目の剣が出現

左側に２本目の剣が出現

右側に３本目の剣が出現

全体が光り輝いた後消滅

神世三剣UFOが異星人に関係があることは共通だが、筆者に向けた明確なメッセージが込められていた。この動画の印象は筆者の主観だが、意味ありげ過ぎるものだ。

メッセージとは「日本神話、天津神、とどめの戦、勝利する」である。三本の剣は「武」や「戦」を意味しており、天皇が携える草薙剣を含んでいる。つまり、天皇国・日本に向けた近未来の予告だったのだ。筆者は、この神世三剣UFOの出現を、「日本はとどめの戦に完全勝利する」という意味に受け取った。

地球維新では天津神＝天孫が降臨する

拙著『エイリアンから日本人へ』を読まれた方にとっては重複になるが、本の「おわりに」で、筆者は以下のように地球維新のストーリーを語った。

＊　＊　＊　＊　＊

現在筆者が考えている異星人とのコンタクトストーリーをまとめてみよう。

このプロセスは、地上の日本人と天空の軍勢（天津神《あまつかみ》）による完璧な武力行使である。なぜなら神世三剣を顕《あら》わしたUFOは日本人に最終的な武力行使を伝えたからである。主役は地上の日本人であるが、現在の日本政府と自衛隊の大部分は消えるべき存在なので蚊帳の外に置かれる。自衛隊の一部は日本軍＝地球防衛軍の中核として残る。

PURPOSE（目的）：地球維新を起こす（Ω《オメガ》デイ）

WHO（誰が）：国家ではなく個人の集団（グループ）が異星人と連携する。Ωデイの主役は天皇と異星人（宇宙連合）の代表者

WHEN（いつ）：準備はただちに開始する。Xデイ（地球維新の日）は異星人側と摺り合わせておく。

WHERE（どこで）：日本（＝地球）で

HOW（どうやって）：世界中の主要都市の上空に同時にUFOが降臨する。同時に全世界の武力を完全停止する。天皇（と異星人艦隊司令官）がメディアを通じて地球維新の声明を公式発表する。

地球は日本一国のみとなり、永久的な世界平和を樹立する。

詳細な声明内容は今後の検討課題。

地球維新は以上のようなストーリーで進行する。ＵＦＯの大軍は地球（日本）の安定が確立されるまで上空に滞在する。筆者はユーチューブで神世《かみよ》三剣《さんけん》を見た時に、一瞬にして、前記のような地球維新のストーリーを想像したのである。

地球維新とは地上の日本人と天空のドメイン遠征軍（天津神）による圧倒的な武力革命なのである。その日は刻々と近づいている。

* * * * *

谷口雅春が『古事記と日本国の世界的使命』で語ったことを、筆者はもっと具体的に表現した。

引用内の傍点部分には間違いがあったので訂正する。「天空のドメイン遠征軍」ではなく「天空の日本軍」である。この間違いは、拙著『エイリアンから日本人へ』の執筆中に、『エイリアンインタビュー』を読んでしまい、影響を受けたためだ。筆者は、同書に登場するドメイン遠征軍を日本に関係ありと思い込んでしまったのだ。これは同書のインパクトが強くて、その主張に引きずられて陥った推理ミスである。

このように具体的なのは、Ωデイが近いからだ。Ωデイとは地球維新当日のこと。UFOとは天津神であり、神世三剣とは日本の武力である。今や宇宙勢力（数多の天孫＝日本人）が「日本の最終戦争に参戦して助ける」と告げているのである。

ただし地上の日本人は戦争しているという自覚をほとんど持っていない。つまり、日本人の99％は何も分からずに通常の生活を続けているだけである。ごく一部の目覚めた日本人だけが、とどめの戦＝最終戦争を戦っており、その戦はもうすぐ日本の完全勝利で決するのである。

日本の武力とは自衛隊ではなく天津神＝「UFO&異星人」が持っている圧倒的な武力である。

天津神は筆者に「神vs.悪魔の戦いを終わらせる武力は天界側にある」と告げたのであって、その日（Ωデイ）は近いということなのだ。その日、日本は最終戦争に勝利し、地球は日本一国になり、その日から天皇が地球全体を治めるようになる。天界的な武の行使とは「神が戦《いくさ》を止める」ことにあると考えられる。

古代世界は日本一国だった!?

ようやく「神世三剣」と筆者が名付けたUFOの正体が何となく分かってきた。神世三剣を東京環状8号線上空に現出させたのは、縄文（古代）日本人、または、サモンコール星人（藤原由浩氏のコンタクト談話で有名）だった可能性がある。まだ断定できるほどの情報を入手できていないので、〝可能性〟に留めざるを得ない。

前者は、高橋良典氏の『縄文宇宙文明の謎　太古日本の世界王朝と超古代核戦争の真相』（日本文芸社）、後者は吉田信啓氏の『超古代日本語が地球共通語だった！』（徳間書店）から各々ヒントを得られた。どちらも1990年代に出版されたものだ。

高橋氏の調査では、縄文時代とは全地球的に日本人が世界を治め、宇宙にも進出しており、世界中に神代文字で証拠を残しているというものだ。地下には縄文日本人が残した宇宙船もあるし、巨大な宇宙ステーションもあ

るらしい。そういう証拠はまだ目にしたことはないのだが、「あり得る」と思ったのだ。

　どちらかと言えば、筆者の好みは吉田氏のペトログラフ研究だが、その理由は、世界の碑文学学会に雄飛して独自の考古学学説を発表されているからだ。

　吉田氏は、前世紀末頃、ペトログラフ研究者（考古学者）として一役脚光を浴び、在世時は八面六臂《はちめんろっぴ》の活躍をされ、日本のペトログラフを世界の学会に本格的に紹介された。筆者は、神懸かり的考古学者・吉田氏の作品群を読んで、「これは凄いものが出てきた」と興奮した人間の一人だ。氏の作品に多くのヒントがありそうだ。

　なぜなら、神世三剣UFOを東京環状8号線上空に出現させる存在は、宇宙に居住する（縄文）日本人以外にはあり得ないからだ。高橋氏作品の「縄文宇宙文明」や吉田氏のペトログラフ関連の思想と神世三剣UFOが、筆者の中で論理的に結びついた。高橋氏、吉田氏、筆者は三者三様だが、その発想はいずれも、今のところ、トンデモの部類には違いない。だが、そのトンデモ的アイデアを一つに結びつければ答えが出てきそうな気がする。あと一歩である。

吉田信啓
超古代
日本語が
地球共通語だった!
謎は
Before Present 6500年
に始まった

　筆者は本好きなので、今まで縄文に関する書籍をランダムに集めてきたが、さすがに縄文宇宙文明を主張している

のは、高橋氏と吉田信啓氏ぐらいだ。二人に共通するのは「古代碑文」や「神代文字」だが、高橋氏の場合、世界を同志と共に経巡って実地検証しているところがすごい。しかし、氏の論理には納得できないところがある。それは次のような問題点があるからだ。

縄文宇宙文明は確かに存在していた。だが、縄文日本と世界との関わり方をどう捉えるかを整理してみよう。筆者の見るところ、次の1、2の考え方が基本で、1と2を合わせた3、4がある。筆者は4が正解ではないかと考えているのだが、本当のところはどうだろうか？

1．日本列島から世界各地へ進出した。これは縄文土器と同様の様式・技術で作られた縄文土器という物証が伴っている。よって、自然な捉え方として納得しやすい。

2．世界各地から日本列島に移動した。例えば、インドのデカン高原に神代文字を使う日本人が住んでおり、日本人の王がいた。日本人たちは紀元前の大厄災の前に日本列島へ移動した。記紀や宮下文書等の古文献を、文字の順序変更（アナグラムと呼ぶ）や音韻変化の法則を使って読み替えると、外国の古代王の名（例：ウトナピシュティム。バビロニアの洪水神話の主人公。旧約聖書のノアに相応）が記紀や古史古伝に登場する神名（例：天之御中主《あめのみなかぬし》）に変化する。

3. **日本列島から世界各地へ進出し、時期が来て世界各地から日本列島に戻って来た。**私見では、これが正解の第一候補である。日本列島に根付いた一万年以上の縄文人たちの出入りが再現されなければならない。

4. **縄文時代には世界は一つだった。すなわち、五大陸が日本であったから、世界中に神代文字碑文が残されているのは当然のことだ。日本列島に神代文字が残されているのは、世界は再び日本一国となることを伝えるためである。DSはこの事実が明らかになることを恐れている。**

高橋氏が語るのは前記の2の考え方がメインである。例えば、「ツタンカーメンは日本の天皇だった」など俄《にわか》には信じがたい。どうしてかと言えば、高橋氏は「日本人とは神代文字を使う人々」らしいが、拙論では「**日本人とは日本列島に太古から居住してきた人々の子孫**」である。だから氏の本を読むと騙された気がするのだ。神代文字の出所が太古の日本列島居住者であれば完璧なのだが、「最初から五大陸に住んでいた人たちが神代文字を使っていた」では、神代文字も輸入ものだということになってしまうではないか！

多くの人は筆者のような疑問を抱くことはなかろうが、高橋氏の説は「何だかおかしい、誤魔化しているのではないか⁉」という疑いを抱かせるのである。「神代文字は日本列島で生まれて五大陸に広がった」ということが証明されなければ、理論として弱い。ペトログラフが鍵なのではなかろうか。

図の黄金板（高橋良典『太古、日本の王は世界を治めた！∴神代文字が明かす消された歴史の謎』徳間書店）に関しても、神代文字コードを使って読み取った結果「これなる金の板に、イサクとヨセフ記す。ここに我がクルの宝を集め占め、後の世に伝えて礎たらしむ。ヤハウェを我らのカムイと崇めよ。」しか示されていない。だが、文字をどのように

エクアドル地下都市の黄金板

当《あ》て嵌《は》めたのかが示されていない。

また、「イサク」、「ヨセフ」、「ヤハウェ」などのユダヤ人の名前が登場するが、読み方が異様過ぎて納得できるものではない。

日ユ同祖論に関連した情報をネット検索すると、この黄金版に対してまったく同じ読み方を当てている記事が複数見つかったが、高橋氏の前掲著の引用でしかなく、筆者の疑問を解決するようなものではない。要するに高橋氏は黄金版の読み方に関して根拠を示すことに失敗しており、誤魔化しているとしか思えない。

その点は保留にしながらも、高橋説には縄文日本に関する何らかの真実は含まれていると感じる。世界中の古代遺跡には、日本語として解読可能な神代文字碑文が物証として残されている。縄文日本人が祈りを込めて残しておいた神代文字碑文だけは信じることができる。神代文字の起源こそが縄文日本文明の謎を解く鍵である。吉田信啓氏のペトログラフ研究は資料として超重要なので、機会を改めて論じたい。

縄文時代については、最近多くの論者が語り始めてはいるが、肝心な情報は隠されている。この風潮は日本国内だけでなく世界的なものだ。縄文には日本人にとって何か大切なものが隠されているが、ある勢力（備考：高橋説ではアーリア人勢力）によって意図的に消されているからだ。縄文宇宙文明の真実はこれから出てくるに違いない。要注目であるが、筆者にとっても最重要課題となるだろう。

高橋氏はおそらく3＋4の考え方を伝えたかったのだろう。そうだとすれば、我々残されたものは「古代世界は日本一国だったこと」を、もっと詳しく洗い出して実証すればよい。

それで「古代世界は日本一国」について語る動画やホームページを探しまくったが、結果ははかばかしくない。

例えば「日本列島を出て世界に散った縄文人が戻ってきた」という主旨のYouTube動画が幾つもあるのだが、十分な証明が行われていると感じられるものは皆無であった。すべて人目をひくためのタイトルだけで、中身はインチキである。そういうものが多過ぎる。

前記の歴史の流れを証明することは容易ではないが、ともかく理屈ではそうなる。天之日矛はアジマリカンの呪言を降ろした際、二十一世紀の世界「弥勒世」を念頭に置いて神国日本を構想したに違いない。

「世界は日本一国」とは過去ではなく未来の話

前項では「古代世界は日本一国だったこと」の証明を試みたが、情報が少な過ぎて困難であることが分かった。

そこで、竹内文献等に書かれている「太古に日本の天皇が世界中を天空船で訪問した」といった話は、実は未来を暗示する記述なのではないかと、発想を逆転したくなった。

それならば、過去にあったことを証明する苦労からは解放され、これから起きることに集中すればよい。

「未来世界が日本一国になる」とは、筆者と天理教開祖・中山みきのお筆先、谷口、『日月神示』に共通するビジョンである。三者に共通するのは天皇国・日本の本質を認識しているということだ。他に同様の事例がないかYouTube動画や書籍等を探しても見当たらない。

参政党の神谷宗幣《かみやそうへい》氏は「日本国民に今この国で何が起きており、何をしなければならないのか」を知らしめる活動を精力的に続けている。筆者もスマホアプリのKagura《カグラ》で氏の動向を毎日チェックしているが、最近氏の動画（参政党公式番組『最近問い合わせが多い女系天皇への見解について―神谷宗幣』〈https://www.youtube.com/watch?v=AuNhkhY6COg〉）で、「〝男系男子〟を維持するために〝側室制度を復活すべき〟」と発言していることが分かった。

最近神谷氏の動画を見た時に感じていた違和感の原因は、氏の誤った皇室観にあったことが明らかになった。これでは参政党を全く支持できない。筆者は愛子天皇積極推進派であり、A宮家そのものを無用とする立場なので当然である。「愛子天皇積極推進」は国民が強く望んでおり、神意に叶う。

参政党の「側室が必要」発言はA宮家への皇位継承を前提にしており、一種のビジョンと言えなくもないが、完全に誤ったビジョンである。神谷氏は神意が分からない人物だとハッキリしてしまった。

民主主義ではなく神主主義が正解であり、天孫降臨（＝ＵＦＯ＆異星人の降臨）をこそ語らなければならない。既に天孫降臨は日本だけではなく地球的に起こっており、多くの天孫が地球人類と宇宙のために働いているからである。残る問題は、天孫たちが姿を顕《あら》わすタイミングだけである。

谷口は「天皇を敬慕し絶対の中心者として信仰する」と語り、『日月神示』は「**加実《かみ》が世界の王になる、てんし様が神と分らん臣民ばかり**」（第01巻　上つ巻　第一帖）と語る。

YouTubeを見ていると「男系じゃないと駄目」と言い切る自称愛国者が多い。その度に、「彼らはどうしてそんなことを断言できるのだろう!?」と思っている自分に気付く。この人たちは人間を全体（＝肉体＋霊）として見ることができないから、バカの一つ覚えで男系男系と言っているだけだ。神意は〝愛子天皇実現〟にある。

以下は悪口ではなく筆者の観《み》たままである。

こういう男系論者を見て思うのは、「人間の霊性を見ることができないから無理なのだ」ということだ。だから、愛子さまの素晴らしい霊格を見抜けない。また彼らには、霊格の低いA宮家に天皇位が継承された場合に、日本と世界にもたらされる悲惨な結果も読めないのである。

天皇ご一家の霊格を知覚するには、中核的日本人の霊的知覚能力が飛躍的に上がらない限り難しい。現在の天皇ご一家を霊的に知覚することができれば、絶対にA宮家への皇位継承など考えられないのである。

2023年４月５日、栃木県高根沢町御料牧場にて談笑する天皇ご一家

A宮家は霊格が異常に低い。つまり、A宮家は低級霊集団だから、美徳ではなく悪徳の固まりでしかない。「低級霊」などという言葉を使ってレッテル貼りをしたい訳では決してない。筆者にはA宮家の面々を霊として感じることができるから、言わざるを得ないのである。A宮は「分からなければ何をしてもよい」という考えの人間であるが、今やA宮の心中など国民には見え見えであり、A宮が一体何をしているか

がスケスケで見える時代になっているのだ（こういうズケズケとした物言いは筆者にしかできないことなので、筆者のような人間も必要なのだ）。

A宮廃墟の法則というものがあって、A宮が関わった（例：A宮を「名誉総裁」に冠している）プロジェクトや組織、箱物があるが、目も当てられない廃墟化が進行している。

詳細に興味のある方は、YouTubeの「古是三春チャンネル」〈https://www.youtube.com/@user-rw5uq5nn7k〉をご覧いただきたい。おぞましいものを見る勇気が必要となるような情報が公開されている。一度は見た方がよいかもしれない（筆者は見なくとも分かるので、現在は見ない）。

A宮家に関わる情報を見るだけで魂が穢れるような感覚を覚える。

篠原常一郎氏は、根気よくA宮家関連情報を展開しておられるが、筆者としては感謝しかない。氏は愛子天皇に期待しておられることからも本物であると断言できる。篠原氏にはこれからも頑張っていただきたい。

以下は過激だが事実である。

A宮家は金食い虫の自己利益追求家族なので、日本のためにならない。また、国民に寄り添うどころか自己の贅沢や安逸しか考えない穢れでしかない。できれば退治したいぐらいだ。

Ωデイを迎えるという観点では、天皇ご一家が主役であり、ご一家抜きではΩデイを迎えることができない。問題のA宮家は皇室に巣くう寄生虫にも喩えられる存在なので、これからやって来るΩデイには全く不適格であり、皇室から完全に排除すべきなのである。「A宮家は皇室と日本に巣くう寄生虫的存在だから駆除しましょう」とは、いくら何でもYouTube動画では言えないだろう。だから、筆者はあじまりかん通信をせっせと書かざるを得ないし、自分の出版社を作って作品を世に出す以外に道はないのである。

さらに、皇位継承における男女の区別よりも大事なことがある。それは「天皇とは宇宙の中心を体現する存在である」ということだ。つまり、個人の天皇よりも「中心」という理念の方が本質なのである。地球世界の中心＝天皇の座は一つしかない。よって、地球全体を一人の天皇が治め、人みな天皇に帰一するということは必然である。現在の天皇ご一家の中で皇位継承を行わない限り、日本も世界も良い方向には向かわないのである（拙著『愛子天皇と地球維新』日本建国社）。

また、神世三剣ＵＦＯによって、筆者の中に、「宇宙にも日本という国が存在する」という認識が生まれた。地球維新＝世界の変革は物理的に存在する天界の日本国の加勢によって行われる。これが筆者の「全地球的天孫降臨説」である。この考え方は筆者が初めて唱えるものだが、天界＝高天原の中心は日本国なのである。現時点で筆者の主張がどれ程突飛なものに見えようが、これは起きなければならないのだ。

日本の歴史は消されているので過去に何があったのかは分からないことが多い。過去を知る努力は大切だが限界がある。「古代世界は日本一国」など、証明不可能な過去に拘泥《こうでい》していてはいけない。もっと大切なことがある。

もっと大切なこととは、良き未来を想像・創造することだ。皇室の未来はこれから正しくすればよい。世界の運命については、「未来世界が日本一国になる」しか、人類の生き残る道はない。そのことを強く思いつつ前進すべきである。

アジマリカンの世界とは蓮華蔵世界《れんげぞうせかい》である

論理的に言えば、宇宙にも中心があり、宇宙には蓮の花のように中心が存在しなければならない。この認識を仏教的に表現すると「蓮華蔵世界」となる。大神呪アジマリカンで認識される世界は蓮華蔵世界である。本連載記事の最後に置かれている蓮華は、アジマリカン体験で筆者が認識した世界をシンボライズするものだ。ここで、蓮華蔵世界について簡単に整理しておこう。

蓮華蔵世界とは華厳経に説かれている一大蓮華の中に含蔵《がんぞう》されている世界で、毘盧遮那《びるしゃな》仏《ぶつ》の願行《がんぎょう》によって現出した理想郷である。東大寺は華厳宗の寺として知られる。開山（初代別当）は良弁《ろうべん》、本尊は奈良大仏として知られる毘盧舎那仏《びるしゃなぶつ》である。聖武天皇は民衆の広い支持を得ながら命がけで大仏造立《ぞうりゅう》を推し進めた。

華厳経は大乗仏教経典の一つで、正しくは、大方広仏華厳経《だいほうこうぶつけごんきょう》。広大な真実の世界を包含する仏が、一切の衆生《しゅじょう》・万物とともにあり、さらに一切の衆生・万物も仏を共有し得る（一切即一、一即一切）ことを、華《はな》の美しさに喩えて説いた経典である。筆者は仏教思想に関しては素人なので、詳しく論じる材料はないのだが、体感としては蓮華蔵世界が認識されている。

宇宙の姿は蓮華に喩えられる

蓮華蔵世界は、究極の法・大神呪アジマリカンで認識される宇宙の姿を詳しく描いたものと言うことができる。つまりアジマリカンという法は華厳経と同等である。

筆者は自分がかつて天之日矛（別名・都怒我阿羅斯等《つぬがあらしと》、武内宿禰、住吉大神）なる存在だったことを思い出したのだが、天之日矛は筆者の霊的本体（＝親神）であるという感覚を持つ。おそらく筆者は天之日矛の分霊《わけみたま》であろう。アジマリカンという言霊（＝呪文・カジリ）は天之日矛の口頭から発せられたものだという感覚を敦賀の氣比神宮で味わったことがある。

大神呪アジマリカンがこの地球に降りたのは西暦三世紀頃なので、大乗仏典の華厳経が成立した五世紀よりも早い。筆者のこの主張は華厳経を含む大乗仏教成立史に対する変更を迫るものだ。全人類を救う究極の法「**アジマリカン**」は、三世紀に日本で天之日矛によって降ろされたのである。

これは縄文時代より連綿と継承された古神道的な信念「天地万物（＝大自然）の中に一なる神を見る」と通じるもので、日本こそ華厳の法＝大神呪《だいじんじゅ》アジマリカンが天降るに相応しい国であったと言えよう。蓮華の中心（ハチス）は天皇の座である。そこに宇宙の中心者＝天皇が天降ることは自然の理《ことわり》だったのである。天之日矛はその理法に従ったまでのことだ。

筆者がこの種の備忘録を残したいと思ったことには深い理由がある。なぜなら、筆者は**釈迦が仏陀となった時に時期尚早で説くことができなかった法**をこの手に携えているという自覚を持っているからだ。釈迦の仏法のうちでも大乗経と呼ばれる仏典群に書かれた法の中で、華厳の法は最後に説かれるべき究極の法であると認識している。この究極の法こそが大神呪アジマリカンなのである。

天平時代に遣唐船に乗船して中国に渡った留学僧《るがくそう》の一人で普照《ふしょう》という人物がいた。留学僧・普照は筆者の前世で、小説家の井上靖が『天平《てんぴょう》の甍《いらか》』という小説を書いて映画にもなったので、自然と認識された。普照が唐の高僧・鑑真《がんじん》を日本に連れ帰ったのは、仏法のためではあったが、もう少し考察が必要である。

普照の鑑真を招いたという仕事は日本にとって必要なものではあったが、普照の興味は律宗や戒律ではなかった。普照は禅定（ディアーナ、ヨガの教え）が好きで、宇宙の法そのものを体感したいと常々思っていた。筆者が華厳の教えを学んだのはおそらくその前世であろう。

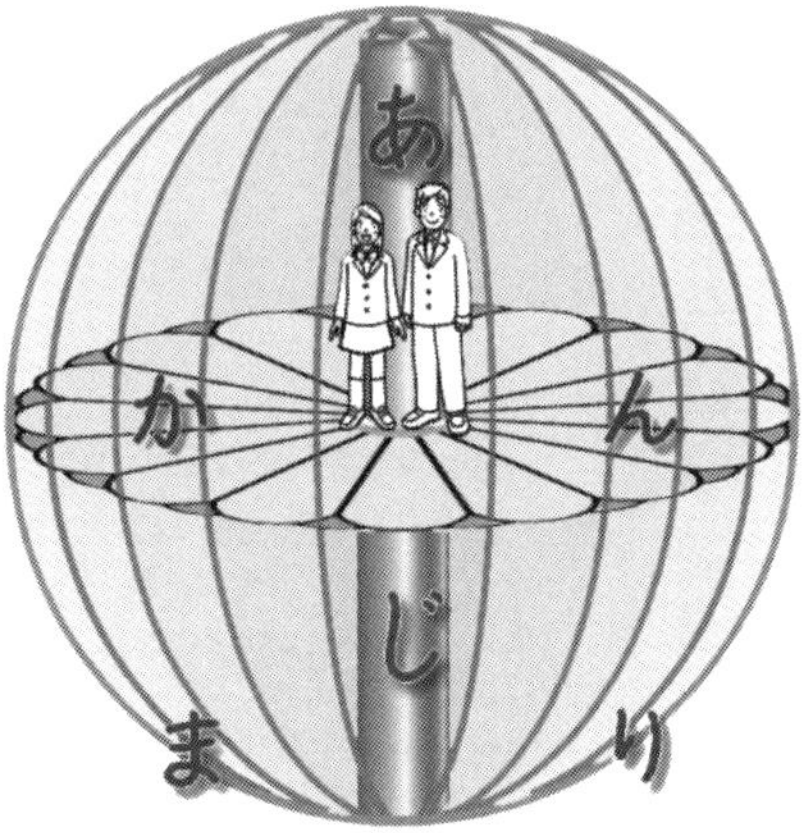

アジマリカンの図「新生地球の中核理念」

今生の筆者は宗教や哲学が専門ではなく、物理学を専攻して科学的思考を養い、潰《つぶ》しの利くソフトウエア技術者になってしまった。だが結果として、筆者の科学的思考や技術的経験が今、役立っているようだ。

前世が前世だけに、筆者は仏法（お寺）が大好きで神さま（神社）も大好きな人間なのだが、そういう性質が現在の作業に向けられると、既存の宗教や科学には飽き足らないものを感じてしまう。華厳の教えなどが分かる人間はほとんどいないし、まして神という存在が分かる人間は希少である。

筆者のビジョンをイラスト化したものが、アジマリカンの図「新生地球の中核理念」である。この図は弥勒世の設計図の中核部で、理念界に存在する弥勒世の雛型である。この雛型が理念界に創られたことにより、地球上に蓮華蔵世界が顕在化する。その世界を新生地球と呼ぶのである。

宗教は不要だが霊性や宗教性は必要

だからこそ、世界は筆者のような「宇宙の仕組みも分かるし神の存在も感知できる」人間を必要としているのである。究極の法「アジマリカン」で、この地上に天皇を中心とする蓮華蔵世界のビジョンを実現させる！　その一念で本誌を執筆&発行している。その一念は天皇霊・住吉大神から発しているものだ。

関裕二史観（註：歴史作家・関裕二氏の著作群から抽出された日本古代史の流れを、筆者は「関裕二史観」と呼ぶ）では、「住吉大神＝天皇霊＝天之日矛＝塩土老翁《しおつちのおじ》＝武内宿禰

＝浦島太郎のモデル」という関係を発見し公にした（関裕二監修『天皇諡号《しごう》が語る古代史の真相』祥伝社新書）。住吉大神は日本の中核神である。

　これは、天之日矛の足跡や霊的実体を複数の霊能者が霊視することで証明できる可能性があるのだが、現時点ではそれにはこだわらない。私が生きているうちに、複数の霊能者が私の前世を見れば分かることだし、物証も出てきて、かなり客観的に証明できるだろうとも思う。かつて大阪の住吉大社で撮った写真に写っていた光体が住吉大神で、住吉大神は筆者の親神であろうという推定が正しそうである。

住吉大神の光体が写った！

　住吉大神と筆者の真我は実体としては別である。前者は間違いなく住吉大神として祀られる神霊だが、筆者の神我は住吉大神の分かれで、住吉大神の上に艮の金神（＝地球神＝地球霊王＝須佐之男命＝国常《くにとこ》立《たちの》大神）がおられるようだ。艮の金神に住吉大神が包含されるという関係である。

　自称「弥勒世レポーター」の筆者が、自費で出版社を作って本を出版しているのは、本章で述べたような弥勒世創生のレポートが国会図書館に収蔵され公的記録となるからだ。筆者のアジマリカンに関する思惟の結果は、日本国が存続する限り継承される。

筆者の「蓮華蔵世界の実現」という思想は一朝一夕では拡散されないだろうが、この路線を変えるつもりはない。次章以降では、「天皇は宇宙＝蓮華蔵世界の中心」という思想を核として、Ωデイ＝地球が日本一国となる日を迎えるための情報を整理し、Ωデイを迎える準備を進めよう。

第二章　Ωデイと宇宙人

執筆期間：二〇二三年八月十六日〜十月十五日

秘密宇宙プロジェクトとは何か!?

前章では、「地球維新では多くの天津神＝異星人が天孫降臨する」と語った。実際問題として、地球周辺の異星人の活動状況はどうなっているだろうか。Ωデイを迎えるに当たって、宇宙人に関する適切な情報を仕込んでおくことは、我々一般地球人の重要な課題である。

筆者が異星人やＵＦＯに関して特別な関心を持つようになったのはここ二、三年のことだ。ある日突然、宇宙が賑やかであることに気付いてしまい、「何だか宇宙が賑わっているなあ」と思い続けていた。安眠できないぐらい地球周辺が賑やかなことに気付いたのだ。これは筆者の意識がいつの間にか銀河領域まで広がっていたためでもあるが、理屈ではなく体感的なものだ。異星人が一杯地球に来ていることが感覚的に分かってしまうのだ。最近会員の方からの関連書籍のお薦めもあって、色々具体的なことが分かってきた。すべて現在進行中の出来事である。

少し時を遡るが、十年前の、スティーブン・Ｍ・グリア氏の著作との出合いが発端であった。

氏の著作を通じて、異星人関連情報が開示されていたことを知った。その頃知り得たのは、ＵＦＯ＆異星人の実在という事実であった。だが最近では、当時よりも大規模な（超銀河規模である!!）秘密宇宙プロジェクト（または、秘密宇宙プログラム）群の存在が暴露されるようになってきた。

秘密宇宙プロジェクトに関連する書籍群にも出合ったのだが、それらには極めて具体的な情報が展開されており、それらのプロジェクトに多くの地球人も加わって活動が進められていることも分かってきた。

興味のある方は、高島康司氏の『いま私たちが知って受け入れるべき【この宇宙の重大な超現実】』（ヒカルランド）等の書籍を参照されたい。この書籍を「資料Ａ」とする。

SECRET SPACE PROGRAM
いま私たちが知って受け入れるべき
【この宇宙の重大な超現実】
陰謀論をはるかに超えていた
《リアルUFOと異星人》
衝撃のディスクロージャー
《秘密宇宙プロジェクト》のすべて
高島康司（近未来予測の専門家）

弥勒世は情報開示（＝ディスクロージャー）から開始されているのだが、今地球がおかれている驚嘆すべき現実――狭くは日本国内の現実、広くは世界の現実、さらには宇宙の現実――を知らなければ何も始められない。一にもディスクロージャー、二に

もディスクロージャーである。我々は、どんな驚異的なことがあろうと、先ずは宇宙の現実を知るところから始めなければならないのである。

地球に来ている主な宇宙人は、「①人間型（ヒューマノイド）、②爬虫類型（レプティリアン）、③昆虫型（インセクトイド）」の三種類である。

人間型宇宙人では、プレアデス人やアンドロメダ人が人気だが、2チャンネル系動画ではよく登場する。

よく知られたグレイはリトル・グレイと呼ばれる種属だが、生体ロボットで、クローン技術で複製されたものだ。レティクル座ゼータ星からきている本物とは別に、まがい物が米国内工場で多数生産されている。アブダクションと呼ばれる誘拐を行っていたのは、多くの場合、まがい物のグレイである。

資料Aによれば、以下のような影の政府（=ディープステート）プロジェクトが進行中である。

①世界経済操作
　世界統一政府の実現を目的とする。
②終末予言操作

宗教の預言を現実化し、大衆操作を目的とする。

③敵の生成

「影の政府」の生き残りを保証する。

④リバース・エンジニアリング

地球外生命体のテクノロジーを影の政府に取り込む。

以上のように整理してみると、前記の①、②、④のプロジェクトは筆者も以前から知悉《ちしつ》していたことだが、③に関しては『当然そうなる』と納得できるもので、現在世界中で進行中の戦争や紛争が終わらない理由説明となっている。影の政府は、自分の生き残りを保証するために、戦争を継続しなければならない宿命を背負っている。これらのプロジェクトの背後には悪の宇宙人が隠れているのである。

地球に来てオペレーション展開中の悪い宇宙人がやっていることは、地球を好き放題、やりたい放題の陣取りゲーム場にするということでしかない。知ってみれば、影の政府に絡んだ宇宙人は地球人よりも倫理観の乏しい種属でしかなく、「悪の宇宙人ゴーホーム！」と叫んで地球から追い出してしまえばよい。

宇宙人が地球に来る目的

悪の宇宙人という不愉快な対象から離れよう。

宇宙人が地球に来て地球人と接したり利用したりする目的について整理してみよう。資料Aによれば、宇宙人の立場では次のような理由が存在する。

1. レプティリアンの食料（現在は地球人は共働相手であり食べることはなくなった）
2. 同盟相手
3. 様々な建造物を建てるための奴隷
4. 取引相手
5. 科学研究の材料
6. 余暇を過ごす場所
7. 鉱物や貴金属の入手
8. 他の惑星に旅立つための中継基地

古今の宇宙人

プレアデス人

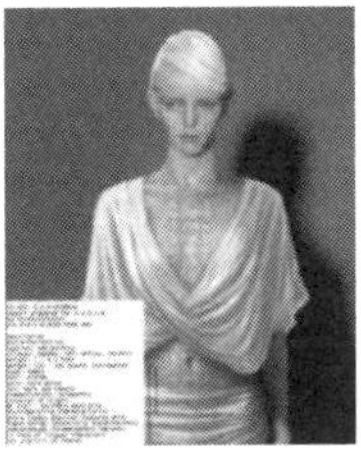
トールホワイト

カマキリ型

アヌンナキ（シュメール）

アヌンナキ（左：法隆寺・右：縄文）

グレイ

ホルス

アヌビス

9. 人間の女性を使った異種交配

このように地球という惑星は異星人から見て極めて利用価値が高いものだ。筆者が「何だか宇宙がうるさいなあ」と安眠できなかった理由がハッキリした。異星人はこのように多種多様な目的で、日常的に頻繁に地球を訪れ利用しているのである。現在の地球が静かであるはずがない。太古から地球は多数の宇宙勢力によって利用され続ける対象だったのである。

この事実が意味するところは明らかである。地球という惑星には大きな利用価値がある。この事情はこの先もずっと続いてゆく。だが、このままでは宇宙勢力同士はてんでんばらばらで、まとまりがない。統一感がないのだ。

「今後の地球人類の動きによって、銀河宇宙の動静が良い方向にも悪い方向にも変化する」という認識が生まれる。せっかく地球周辺の宇宙人の動向を認識したのであれば、銀河宇宙が良い方向に発展してゆくように歩みを進めようではないか。

宇宙人メッセージの信用度は⁉

「秘密宇宙プロジェクト」関連の書籍を読んで最初に感じたのは、「宇宙人は皆好き勝手なことをしている」というものだった。つまり、宇宙人同士はほとんど連携することなく、各種属がいいように地球を利用しているように見えたということだ。その実態は今のところ秘密であるが、資料Aや『隠されてきた光と闇の「秘密宇宙プログラム」のすべて』（佐野美代子、VOICE）等の書籍によって、当事者たちによる秘密の開示（ディスクロージャー）がなされつつある。

開示されつつある秘密宇宙プロジェクト群に関して地球人の認識が深まるにつれて、今まで秘密だった事実が現実に起きているということから、宇宙人たちも地球人の前に姿を現わさざるを得なくなってくる。これは容易に想像できる近未来の地球の運命である。

YouTubeでは、「地球のアセンション」とか「地球の未来預言」とか「人類のカルマが重過ぎる」、「スターシード」、「レインボーチャイルド」、「人類誕生の秘密」などといったタイトルの動画が目白押しだ。プレアデス人、アンドロメダ人、シリウス人、オリオン人、

CE-5コンタクト推進中のグレゴリー・サリバン氏

ベガ人、アルクトゥルス人、ベテルギウス人、等々、多数の宇宙人からのメッセージが発信されている。

一年以上、宇宙人関連のYouTube動画を見続けたが、分かったことと言えば「大部分の宇宙人関連動画は根拠のない垂れ流しメッセージである」ということだ。一次情報はほぼ皆無であり、「プレアデス人の〇〇が×××××と言っている」式の根拠のない話ばかりだ。

どうして根拠がない話なのかと言えば、発信元の宇宙人を特定できないからだ。チャネリングなど直接宇宙人が語るメッセージもあるが、それも発信元不詳である。つまり、それらの話は確かめることができないからだ。いいことを言っているからとか、内容があるとかの問題ではない。確実性の問題である。

唯一確実なのは、グレゴリー・サリバン氏の、グループを募っての「CE－5コンタクト」である。氏のCE－5コンタクトでは、必ず宇宙船が呼びかけに応えて出現するからだ。これは日本中で何百回も成功しており、さすがスティーブン・グリア氏の愛弟子《まなでし》であると思わせる。

以下の話はおまけだが、日本には宇宙連合艦隊・元総司令官で霊能者の岡本雅之氏というユニークな人物がいて、何度もUFOを召喚している。岡本氏のインタビュー動画を何本も見たが、前世から続いている使命について極めて具体的な情報を詳細に語っておられ、非常に貴重な人物であると感じた。現在は霊能者として生計を立てておられるようで、今まで見たことがないタイプの個性的な方である。そういう方がいる日本という国が一番面白いのではなかろうか……。

元TOCANA編集長・角由紀子氏の質問に答える岡本雅之氏

グレゴリー・サリバン氏や岡本雅之氏がされていることを見てしまえば、秘密宇宙プロジェクトの分厚い書籍（例：『ありえない世界【SSP：秘密宇宙計画】のすべて』Dr.マイケル・E・サラ著、高島康司監訳、ヒカルランド）に書いてあることなどは色褪せてしまう。宇宙秘密プロジェクトの書籍は、現実に宇宙プログラムを実行している人には勝てないのである。本に書いてある秘密の知識よりも、体験的に宇宙人の存在を実感してゆく行動の方が一層大切なのである。

筆者が多くの宇宙人メッセージを無意味だと言う理由は、はっきりしている。それらのメッセージが宇宙人という実体を伴っていないかったり、メッセンジャー（媒体者）と宇宙人との関係を明示していなかったりと、無責任な発信方法が多いからである。

そもそも「Ωデイ」とは、UFO&異星人が公式に地球人の前に姿を現わすことによって地球維新が起きるという事件である。その日が近いことを、宇宙に滞在中の日本人が地上の日本人に伝える事件が起きている。前章までに度々書いてきた「**神世三剣**《かみよさんけん》**UFOの出現**」という事件である。

この事件の重大性を知ったのは筆者ただ一人だったのだが、それには十分な意味がある。つまり、その意味は筆者が分かって何らかの行動を起こせばよい、ということである。

宇宙の真の姿は華厳経が説く蓮華蔵世界（前章参照）であるわけだが、宇宙人たちですらそのことが分かっていない可能性がある。そういう意味で、現在地球に参集して群がっている宇宙人たちも蓮華蔵世界というコンセプトは知らず（あるいは、知っていても無視して）、手前勝手な理由で地球を利用している勢力が多いだろうということだ。

筆者は宇宙人に会わずとも実体を確認している。何故ならば、筆者の霊体（意識体）の中に、多くの宇宙人が存在しているからだ。その中の中核となる存在は「神世三剣」を出

宇宙人存在の証拠群

宇宙空間にはこのような構造物や宇宙船等が無数に発見される（Rapi TV より）

フォークのような構造物

組み立て中の巨大パーツ群

宇宙戦艦

銀河鉄道

現させた宇宙人で、どうも超古代の日本人らしい。神世三剣ＵＦＯの搭乗者は超古代の日本人（縄文宇宙人）だったのではなかったか。

右図「宇宙人存在の証拠群」は、Rapi TVという動画のチャンネルで発表された、宇宙空間に存在する宇宙人の存在証拠となる画像群である。掲載したのはほんの一部だが、パソコンでGoogle EarthアプリのＳｋｙ（グーグル・スカイ）機能を使って、誰でも確認できるものだ。太陽系が存在する天の川銀河で、このような物体がＮＡＳＡによって撮影され公表されている。

ＮＡＳＡはこれらの物体が宇宙空間の画像内に写っていることを知っていると思われるが、ＮＡＳＡのコメントは一切ない。こんな面白いものが宇宙空間にたくさん存在しているることをＮＡＳＡも知っているはずだ。これは宇宙人の存在を雄弁に語る大変な証拠である。日本国内には、少なくとも数千名のファンがいて、この事実を明確に認識していることは確かである。本当に面白い時代になったものだと思う。

イザナギ・イザナミの正体が分かった!!

『古事記』のイザナギ・イザナミ両神の結婚の段に注目しよう。ナギ・ナミは超古代日本人である。

是《ここ》に、天つ神諸《もろもろ》の命《みこともち》以て、伊耶那岐命《いざなぎのみこと》・伊耶那美命《いざなみのみこと》の二柱《ふたはしら》の神に詔《のりたま》はく、「是《こ》のただよへる国を修理《つくり》固《かた》め成《な》せ」とのりたまひ、天《あま》つ沼矛《ぬほこ》を賜《たま》ひて、言依《ことよ》せ賜《たま》ひき。

故《かれ》、二柱の神、天《あめ》の浮橋《うきはし》に立たして、其《そ》の沼矛《ぬほこ》を指し下して描《えが》けば、塩こをろこをろに描き鳴して、引き上げし時に、其の矛の末より垂《したた》り落ちし塩の、累《かさな》り積《つも》りて島と成りき。是《これ》、淤能碁呂島《おのごろじま》なり。

今回久々に山田久延彦氏の『完全版　真説古事記Ⅱ：UFOを自在に駆使した神々の宇宙工学』（徳間書店）を読み返して、縄文宇宙文明に関する次のような解説を見出した。

「天孫降臨」は、まさに宇宙空間を航行して行われた。

『真説古事記』の中で指摘したように、高天原とは、地球を襲った大災変を逃れた超古代文明人が、火星と木星の間の小惑星帯のいくつかに築いた宇宙国家である。

大災変とは、約一万五千年前に地球に接近した大彗星の尾の部分（H_2O、CO_2、CH_4などの細氷片）から降りそそいだ氷片が、大気との摩擦熱によ

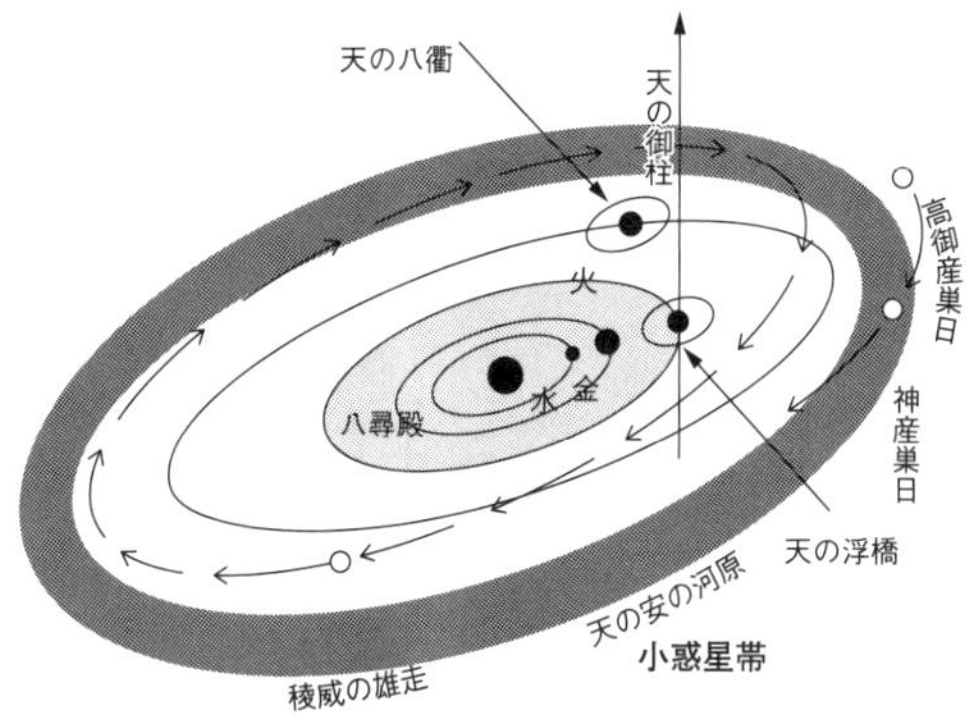

『古事記』に出てくる宇宙空間用語　山田久延彦『真説古事記Ⅱ』より

って地球大気中の蒸気となり、それが冷却されて大雨を降らせその結果、気象条件が変化し、地球が温暖化して両極の氷河が溶解し、約一四〇メートルも海表面が上昇した異変をさしている。これは世界各地の民族に、種々の洪水伝説となって記憶されている。

山田氏によれば、『古事記』の「ただよへる国」とは大災変直後の地球の状態を意味する表現であり、ナギ・ナミの両神は宇宙国家の代表者であり、天孫降臨を指揮した人物であった。小惑星帯に築かれた宇宙国家を縄文宇宙文明と呼ぶことも可能であろう。

前章でも登場した吉田信啓氏の『超古代日本語が地球共通語だった！』（徳間書店）では、次のような同一主旨の発言がある。

『古事記』や『日本書紀』の「国生み神話」によれば、「イザナギノミコトとイザナミノミコトの男女神が空中に浮いた橋の上から鉾で下を探ると海があり、その鉾《ほこ》をあげたとき鉾からしたたったしずくからオノコロジマという島ができた。そのオノコロジマを国の柱として淡路島、秋津洲、筑紫洲、隠岐洲、佐渡洲、越洲、大洲、吉備小洲、対馬島、壱岐島などを生んだ」とある。

『空中に浮いた橋』とは、「空中に浮いた橋形の宇宙船」かも知れないし、「空中に浮いたように見える大型の船舶」の喩えでもあろう。前者であればイザナギ、イザナミの二神はどこかの天体から飛来した宇宙人だったことになる。後者であれば大型古代船に乗って渡来した海洋部族の長がイザナミ、イザナミだったことになる。

（中略）

いずれにしても、日本列島がほぼ沈没状態になった異常海面上昇の時代があったことを、記紀は神話の形をとりながら伝えようとしていることに違いはない。一般には「記紀には洪水伝説はない」とされているが、とんでもないことである。それはただ単に読み取れる能力が欠けているからにほかならない。

山田久延彦氏の想定では、「高天が原とは、地球を襲った大災変を逃れた超古代文明人が、火星と木星の間の小惑星帯のいくつかに築いた宇宙国家」であった。吉田信啓氏の解釈は「イザナギ、イザナミの二神はどこかの天体から飛来した宇宙人」となる。お二方の説は、ナギ・ナミ二神が、超古代文明人だったか宇宙人だったかの違いしかない。

前章で高橋良典氏の「縄文宇宙文明」というキーワードを得てから、本章で山田久延彦氏の地球脱出者による宇宙国家という解釈に到達するまで二ヶ月を要した。

だが、時間をかけただけのことはある。日本という国（または日本につながった国家）

が宇宙にも存在する可能性を知ったからだ。これで、神世三剣ＵＦＯが現在の日本につながりを持った宇宙国家によって出現していたことが、理論的に納得できた。山田久延彦氏の『古事記と宇宙工学』の出版は１９７９年なので、数十年前に宇宙国家のアイデアが存在していたことになる。筆者以上の想像力で宇宙の実態が把握されていたことに驚きを禁じ得ない。

縄文宇宙文明は、地上の日本人と共同で、新たな天孫降臨＝地球維新プロジェクトを遂行しようとしている。近日中に起きる地球維新は縄文宇宙国家と地上の日本人の一大プロジェクトなのだ。

Ωデイをもたらす主体とは

近未来にΩデイ＝「地球維新の開始日」を地球にもたらす主体について検討を続けよう。先に語った「宇宙人は皆好き勝手なことをしている」は最初の印象で、実際には統合の方向へと大きく舵を切りつつあることが感じられてきた。つまり、かなりの宇宙勢力が錦の御旗のもとに降臨しているのだ。

この事情は筆者が地球周辺に集まっている宇宙人たちを体感した時点で既にそうなっていたのだ。多くの宇宙人たちの動きは決して勝手気ままなものではなく、錦の御旗＝日本の天皇に帰一している。

どうしてそういうことが言えるのかについては、筆者と宇宙人たちが同一の統一的意識状態にあるから、としか言いようがない。宇宙人たちの統合の旗印が「神世三剣」なのだ。つまり、彼らは日本の天皇のために集まっている。より具体的に言えば、宇宙人たちは日本国を代表する徳仁天皇の下に馳せ参じている。無敵の宇宙艦隊が今か今かとΩデイのために待ち構えているのである。

筆者は、普通に考えてありそうにもないことを語っているが、ここは筆者の直観・体感を信じていただくしかない。数年以内にΩデイが起こるべくして起こるように事態が進行している。日本は天皇国家だが、銀河広しと言えども、そういう国は日本だけである（全銀河を調べた訳ではないが……）。地球にある天皇国・日本は唯一無二の中心点であり、替わりがないのだ。

秘密宇宙プロジェクト関連の書籍には、「日本」という国の情報はほぼ出てこないし、「天皇」の文字は一切登場しない。だが、天界には日本建国を導いた超地球国家・高天原が実体として存在している。つまり、日本という天皇国の誕生を促し、現在までの発展を導いた勢力が宇宙国家として現在も続いているのだ。

ここ数年間の筆者のテーマ「地球維新」とはどういうものか、少しずつ見えてきたようだ。地上の日本に天上界の日本が降臨して一つになる宇宙的事件。それが地球維新である。

天皇の顧問団とは

徳仁天皇には知られざる顧問団が存在する。生長の家教団の教祖・谷口雅春が著書『限りなく日本を愛す』（日本教文社）で、日本国統合の中心者である天皇は頭脳・相談役となるブレイントラスト（顧問団）を必要とすることを述べている。谷口の考えるブレイントラストとは、次のようなものだ。

……天皇を何ら政治的実権なき「国民尊崇の理想目標」として、単に看板の如く置く場合には却って奸佞《かんねい》なる政治家に利用される惧《おそ》れがありますが、天皇が政治的実権と最後の任免《にんめん》の権利をお有ちになった上で、閣僚に政治を委任されるならば、閣僚の行き過ぎは天皇に於いてこれを是正《ぜせい》したまふから、理想政治を行うに近しと云ふことになるのであります。だから天皇はただ「機関」や「看板」や「ロボット」であられてはならないのでありまして、政治の大綱は天皇より発しその大綱の実現の上に精細な計画を行うブレン・トラスト（Brain Trust）を必要とするのであります。

谷口が語るような天皇のブレイントラスト（顧問団）に相当する地位が規定されているかどうかは定かではない。律令制の時代ならば太政大臣、明治以降ならば首相が最高の地位となるが、それが天皇顧問団のトップであるかどうかと言えば、違うような気がする。

天皇顧問団とは、天皇が政治を行うための知恵袋のような集団だと思われる。そういう集団がかつて日本に存在したかどうかは、筆者などには窺《うかが》い得ない情報である。

谷口は「政治の大綱は天皇より発し」と語っているが、こういう政体は神話の中にしか存在しなかったもので、民主主義という現在の建前とは全く異なる君主主義の政体である。谷口は民主主義ではなく君主主義を主張していたのだ。「君主主義」という言葉はあまり使われていないが、君主制（君主政）ならば分かるであろう。谷口は「日本は元来君主政国家であるべき」ことを宣言していたのである。

天皇のお仕事とは

天皇顧問団が何を為すべきかという検討は本章の範囲を超える。ここでは天皇という存在を知ることにページを割きたい。我々日本国民が天皇について知るべき基本事項（基本とは言え高度である）をお伝えしておきたい。

次のような、民主制／民主政国家における昭和天皇のお仕事を知識として把握した上で、それらの個々について是々非々を論じる必要がある。今は亡き山蔭基央師の『神道入門（その一）解説編』（白馬出版）より、かなり長くなるが引用させていただく。

【天皇のお仕事＝国事行為と祭祀】

神道を論ずる場合、天皇と無関係に論ずるわけにはいかないのである。それは、天皇が、我が日本神道の最高の実践者であられるからだ。

天皇は日本国家の象徴であられるから、「内閣の助言と承認による十二の〝国事行為〟がある。その上、内閣から上奏される国事書類の御裁可（毎日平均・三百通）ならびに御認証がある。それに〝裕仁〟と御署名になり〝天皇御璽〟の押捺（これは他の職員が押す）がされる」のである。

その〝国事行為〟について掲げると。

（1）国会開院式（衆参両院）での「お言葉」を賜ること。
（2）外国使節への御親謁。（大公使の新任・離任の御挨拶を受けられる）
（3）春秋二回の栄典授与（勲一等の受勲者には御親授）。
（4）文化の日に文化勲章伝達式に御親謁。
（5）内閣総理大臣の任命、最高裁長官の任命。
（6）国務大臣ら認証官の認証式の徊親謁。
（7）恒例の各種祭儀（宮中三殿）の御親祭ならびに御親拝。その他、御先祖様（歴代天皇）の式年例祭。
（8）春秋二回の〝園遊会〟への行幸。
（9）全国各地の〝植樹祭〟への行幸。
（10）国民体育大会への行幸。
（11）終戦記念日（八月十五日）の全国戦没者追悼式への行幸。

(12) 新年の一般参賀への御出席。ならびに天皇誕生日(四月二十九日)の一般参賀への御出席。

この様に拝してゆくと〝国事行為は合計十六件〟となり、約五十一回の御関与ということになるのである。その内訳の最たるものが。宮廷祭儀(宮中三殿における年間三十四回の御親祭・ならびに御親拝)である。それを「宮中の年中御祭儀」として掲げると

1 四方拝《しほうはい》　一月一日(午前四時半・三殿に献饌)
(大祭)　午前五時三十分(御親拝)・神嘉殿南庭
2 歳旦祭《さいたんさい》　一月一日(大祭)　午前五時四十分(御親祭)・宮中三殿
3 元始祭《げしさい》　一月三日(国民一般参賀に御出席)
(大祭)　午前十時(御親祭)・宮中三殿
4 奏事始《そうじはじめ》　一月四日　午前十時・宮中〝鳳凰の間〟
5 孝明天皇例祭　一月三十日(小祭)　午前十時(御親拝)・皇霊殿
6 祈年祭《としごいのまつり》　二月十七日(小祭)　午前十時(御親祭)・宮中三殿

7　仁孝天皇例祭　二月二十一日（小祭）午前十時　（御親拝）・皇霊殿
8　春季皇霊祭　三月二十一日　皇霊殿
9　春季神殿祭　（春分の日）（大祭）午前十時　（御親祭）神殿
10　神武天皇祭　四月三日（大祭）午前十時　（御親祭）・皇霊殿
11　皇霊殿御神楽　四月三日（午後四時～夜半まで）（神武天皇祭・夜の御祭）
・皇霊殿
12　天長祭　四月二九日（小祭）午前九時　（御親拝）・宮中三殿
13　天皇誕生日　四月二九日（国民一般参賀に御出席）
14　貞明皇后例祭　五月十七日（小祭）午前十時　（御親拝）・皇霊殿
15　節　折（天皇大御身の祓）六月三十日　午後二時　（宮殿。竹の間）
16　大　祓（夏越の歓）六月三十日　午後三時　（神嘉殿前庭）
17　明治天皇例祭　七月三十日（小祭）午前九時　（御親拝）・皇霊殿
18　秋季皇霊祭　九月二十三日　皇霊殿
19　秋季神殿祭　（秋分の日）（大祭）午前十時　（御親祭）神殿
20　神嘗祭　十月十七日（大祭）午前十時　（御親拝）・賢所
21　新嘗祭　十一月二十三日（大祭）夕の儀・午後六時　・神嘉殿

22 賢所御神楽《かしこどころみかぐら》　十二月中旬……（長時間深更に及ぶ）・賢　所
暁の働・午後十一時（終了・午前一時頃）・神嘉歟
23 大正天皇例祭　十二月二十五日（小祭）午前十時・皇霊殿
24 節　折《よおり》　十二月三十一日　午後二時（宮殿〝竹の間〟）
25 大　拔　十二月三十一日　午後三時（神嘉殿前庭）
26 除夜祭　十二月三十一日　午後四時（掌典職のみ奉仕）・宮中三殿

◇　◇　◇

A. 旬祭《しゅんさい》　毎月一日、十一日、二十一日（一日は御親拝。十一日。二十一日は侍従御代拝）
B. 御日供・御日拝（毎日午前八時・天皇御遥拝。侍従（烏帽子、浄衣で）御代拝
C. 式年祭（遠祖の御命日祭）
歴代天皇崩御後、五十年祭までは毎十年。百年以後は毎百年、御命日に皇霊殿において〝追遠の祭典〟が行われ、御陵へは勅使が御差遣される。
D. 外国御訪問（行幸）前後の御参拝の祭典
天皇・皇后および、皇太子・同妃殿下の外国御訪問の節。御出発の前に「おいとま申し」の拝が〝賢所〟で行われる。

E．御誕生・御成年の祭典
御着帯（皇后・皇太子妃）報告祭。御誕生命名奉告。初御参拝。男子成年の御参拝の四祭典が、宮中の三殿で行われる。

F．結婚の祭典
親王の結婚は〝賢所〟で祭典か行われる。後、皇霊殿と神殿においても祭典か行われる。

天皇は一年間でこれだけの仕事をなさっており、在位中はこの生活が続く。天皇が世界に一人しかおられないということは、天皇のお仕事を成し遂げる方は宇宙広しと言えどお一人だけであるということである。筆者などは怠け者の極致をいく人間だから、右記の仕事内容を一瞥《いちべつ》しただけで気が遠くなるのである。

戦後の左翼教育を受けた若者が「どうして天皇が必要なのか分からない」とか、「天皇なんていなくてもいいのじゃないか」と簡単に発言する。これは、天皇が日本神道の最高の実践者であることも、国事行為や宮中祭祀の内容も意味も教えられないので当然のことだ。

我々日本国民（と世界人類）がどれ程天皇陛下のお蔭をいただいているか計り知れない

ものがある。天皇外交という言葉がある。日本がどれだけ外交の世界で羨ましがられ、敬われ、贔屓《ひいき》にされているか、実感がないかもしれないが事実である。

それはさておき、天皇のお仕事の本質は、（1）～（12）の国事行為ではなく、中盤（1～26）の宮中祭祀＝「宮中の年中御祭儀」の方ではなかろうか。天皇という存在の特殊性は、古来より綿々として継承され営まれてきた宮中祭儀という「日本国の祭祀王としてのお仕事」に集約される。

これらの祭儀においては、天皇は日本国の最高司祭として神々や御先祖を相手にされており、我々一般国民には窺い知ることができないお仕事をされる。山陰基央師は、「天皇が、我が日本神道の最高の実践者であられる」と断言されているが、その事情は徳仁天皇にも当てはまっていると信じている。

日本国の中核的な祀《まつ》り事《ごと》＝政《まつりごと》から政治の大綱が出てくるようにならなければならない。谷口雅春師（生長の家教祖）、山蔭基央師（山蔭神道家第79世）の両師が残された著作より、我々は天皇の本質と祭祀（政《まつりごと》）について知ることができる。これからは天皇の政《まつりごと》は宇宙的なものになってゆく予定である。

日本はレプティリアンの国か⁉

話は大いに脱線するが、皇室の起源について筆者の中で気になっていることがある。天皇が普通の人間だったのかどうかという問題である。その種のおかしな話がネットや書籍で出てくるので、それなりの解釈をしておきたいと思う。皇室創設期の天皇がレプティリアン（爬虫類人）だったという意見がある。

縄文時代にはレプティリアンが日本列島にやってきて、縄文人に知識を教えたり縄文人を食料にしていたというような話を聞いたことがある。本章の図「古今の宇宙人」にも法隆寺のレプティリアンや土偶となったレプティリアンが掲載されている。このように明確にレプティリアンが形として残されている以上、日本列島はレプティリアンと縁が深いことは間違いなさそうだ。

筆者は『先代《せんだい》旧事《くじ》本紀《ほんぎ》大成経《たいせいきょう》』にその記述があることを以前から知っていた（コンノケンイチ『天孫降臨／日本古代史の闇　神武の驚くべき正体』徳間書店）。前掲著の引用内には、神武天皇から応神天皇、仁徳天皇まで、すべての天皇が体長三メートル前後の龍

神の形態であったと書かれている。

『先代旧事本紀大成経』とは別に、『先代旧事本紀』という文献（大野七三編著『先代舊事《くじ》本紀　訓註』新人物往来社）がある。記紀とは微妙に異なる日本の歴史が書かれている。ただし、同文献には、天皇の身体が龍神形だったという記述は一切ない。

筆者は、記紀に登場する龍宮とか八尋和爾《やひろわに》とかの表現は、天皇の女系の祖先が（安曇、宗像等の）海人だったということでしかないのではないかと思う。三輪山の大物主の伝承では、「海原を照らしてより来たる神」の表現があるから、大物主《おおものぬし》は海からやって来た神

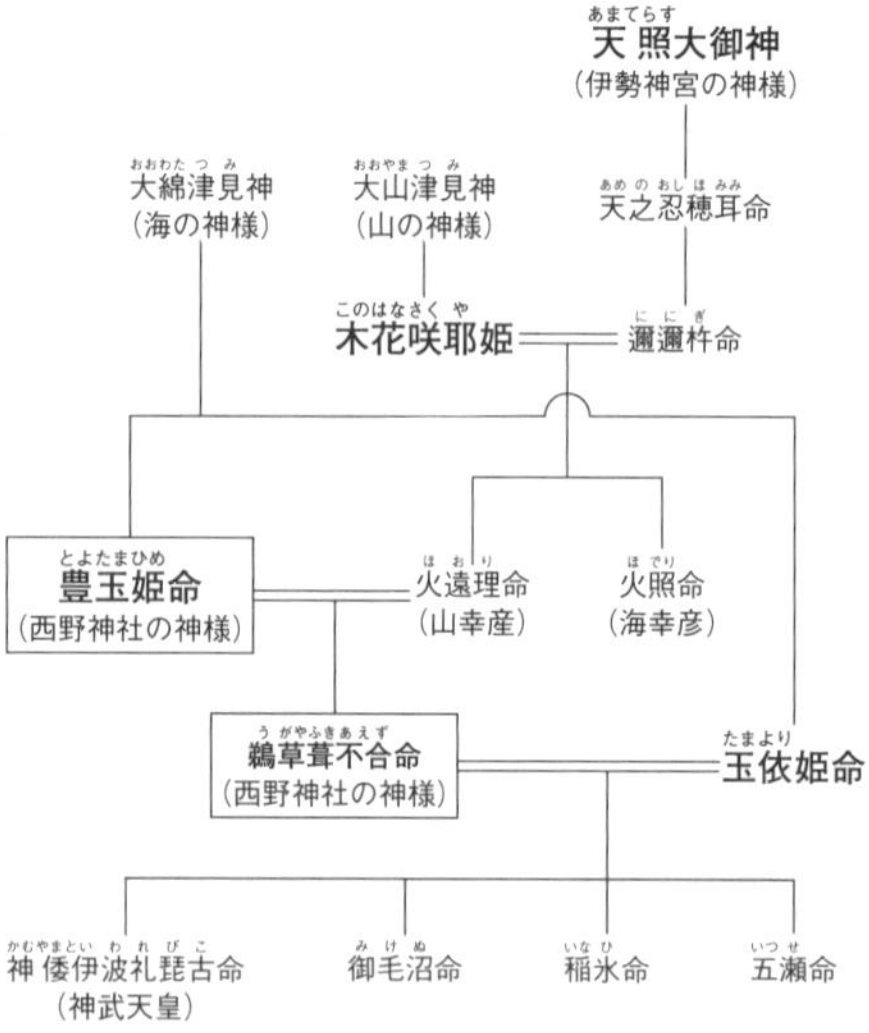

豊玉姫の系図

であることが分かる。まさか大物主がウミヘビだったということではないだろう（日本海の対馬暖流に乗って出雲の海岸にセグロウミヘビが流れ着くそうだが、セグロウミヘビは夜に水面下で火の玉のように光るそうだ）。

豊玉姫の神話では「出産の時、八尋和爾となり、腹這い、蛇のようにうねっていた」という記述がある。「天皇家の女系の先祖は海神の系譜だった」という伝承から、「天皇は龍神だった」という作り話になって、『先代旧事本紀大成経』のようなお話が創作されただけのことである。

セグロウミヘビは大物主のイメージ

龍宮というのは、「乙姫あるいは龍王が統治する世界として水中に存在するとされている宮殿」で、「仏教の真理が隠されていた海底の世界」という意味でも使われる概念である。筆者はかつて自分自身を「今浦島太郎」と呼んでいたこともあり、龍宮には大変縁が深い人間だ（そういう人間もいる！）。詳細は『あじまりかん通信』バックナンバーや拙著『アジマリカンの降臨』等を参照されたい。

龍宮というのはあらゆる情報が詰まった虚空（アカシャ）＝宇宙の別名という見方もできる。「虚空＝龍宮に隠されて

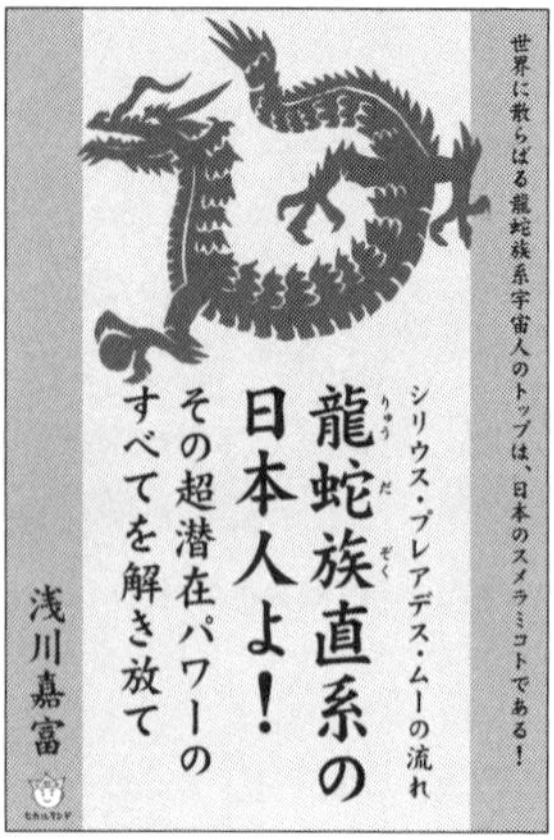

いた華厳経＝蓮華蔵世界の理念＝法を、筆者がアジマリカンとして世に出した」ということだ。アジマリカンは宇宙龍宮から出た法なのである。

執筆中に『龍蛇族直系の日本人よ！ その超潜在パワーのすべてを解き放て』（浅川嘉富、ヒカルランド）という書籍を読んだ。浅川氏は日本民族が文字通り「龍蛇族」の子孫だという考え方の持ち主だ。

浅川氏の著作を読んで、日本民族の本質が龍神だという感覚が生まれたのは意外だった。「龍」という自然霊については、項を改めて検討したい。

Ωデイ（＝一厘の仕組＝とどめの戦）の正体

Ωデイとは、「一厘の仕組→とどめの戦」という元の大神の経綸の結論である。『日月神示』の結論とでも言うべき箇所は、以下の部分である。

【日月神示　五十黙示録　第六巻　至恩の巻　第十四帖】
八方的地上から十方的地上となるのであるから、総ての位置が転ずるのであるから、物質も念も総てが変るのであるぞ。これが元の元の元の大神の御神策ぞ、今迄は時が来なかったから知らすことが出来んことでありたなれど、いよいよが来たので皆に知らすのであるぞ。

筆者が過去の『あじまりかん通信』や最近の書籍「地球維新シリーズ」でUFO&異星人のことを語ってきた内容こそが、「八方的地上から十方的地上となる」の具体的詳細なのだ。八方的地上とは今までの地球世界（物質的・平面的）、十方的地上とは神の心が顕現した世界（霊的・立体的・宇宙的）のことだ。

「日本は世界の雛型である」とは、大本の教えや『日月神示』でよく言われる神経綸《けいりん》の原理である。日本が世界の親国なので、日本から世界へと「地球維新＝神の革命」が起きてくる。

筆者が語ってきたのは「大神の最終経綸」、すなわち、「日本で起きた〝明治維新〟が〝地球維新〟の雛型となって、日本から〝地球維新〟が始まり、それが世界中に広がる」という流れである。

補足：坂元ツトム氏の『ＵＦＯは第二の黒船だ』からは〝地球維新〟という言葉だけを拝借した。二つの維新は、事件の構造は類似していても、内容はまったく異なる。

地球維新は明治維新の影響を完璧に払拭する弥勒世開始の革命である。

明治維新は日本人に戦争ばかり体験する時代をもたらしたが、地球維新後の世界は完全平和（＝一切の戦争がなくなる）が樹立されており、戦争はない。同じ維新という言葉が含まれていても、両者は内容的にはまったく異なるものである。（第六章「【補記２】明治維新と地球維新の決定的な違い」を参照）

『日月神示』には「八方世界から十方世界への移行」という予定が示されているのみで、宇宙人のことは『大日月地神示《おおひつく》』で示されていることを確認した（補足：YouTube 動画の朗読で知った）。神示も時代精神の影響を受けているということか……。

筆者には宇宙次元の存在たちが霊的に出入《ではい》りしているので、〝地球維新シリーズ〟を書くことができた。今や宇宙関連情報がネットや書籍を通じて豊富に流通しているので、我々はそれらの情報を吟味しながらつなぎ合わせて一つの物語にすればよいのだ。

どうして「地球維新＝UFO&異星人」なのかと言えば、それが紛れもない現実だからである。影の政府はUFO&異星人関連情報をあらゆる隠蔽工作によってひた隠しにしてきたのだが、もはや隠せなくなってしまったということだ。

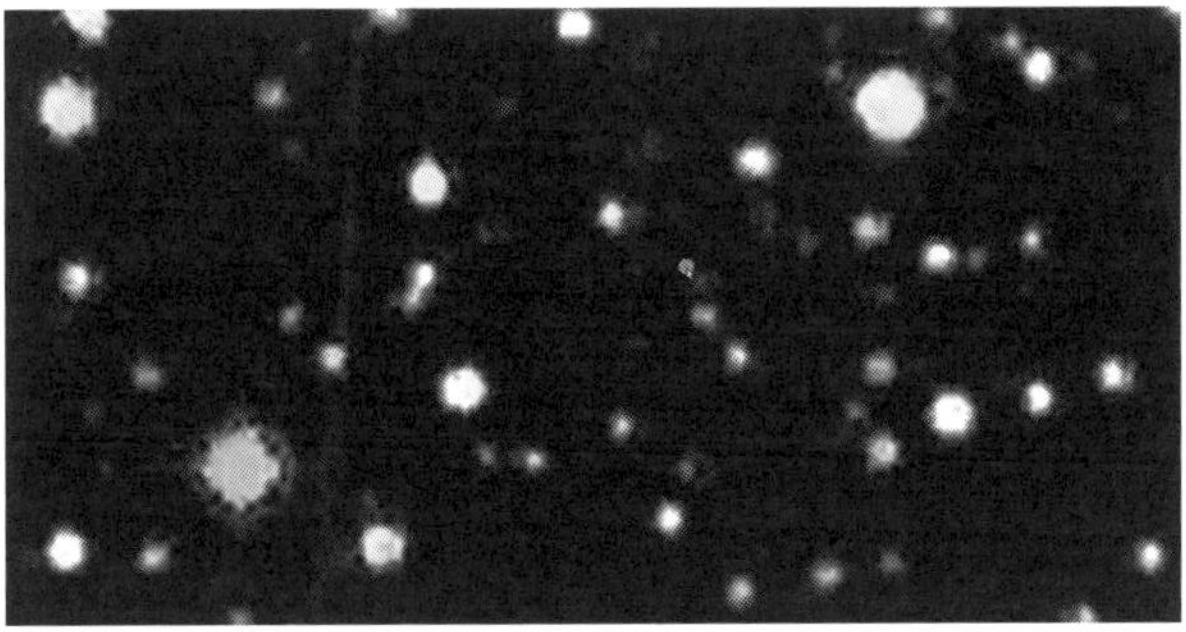

Rapi TV 動画『Google Sky・宇宙の真実特番 遂に宇宙人の活動拠点発見？』より。輝いているのは超巨大宇宙船群である!!
<https://www.youtube.com/watch?v=FMjbjrNUIT8>

NASAの画像には、UFO&異星人の証拠が山ほど写っているので、誰でもYouTube動画で確認できる（前頁のRapi TV動画の1ショットはほんの一例）。UFO&異星人がいるとかいないとかいう問題を論じる時期はとっくに終わり、異星人がいつ我々の眼前に現われるかという時間の問題となっている。

一般人が本書レベルの認識に達するには時間がかかるが仕方がない。興味のない人たちは放っておけばよい。

地球維新の黒船であるUFO&異星人は、江戸末期の黒船とは大いに異なり、人類に対して優しい存在である。江戸末期の黒船は怖ろしい存在で日本民族を威嚇・恐喝し怖い目に遭わせたが、現在地球に来ている黒船の目的は地球人類の霊的覚醒と恒久平和の触媒となることである。人類が宇宙人の存在を理解し認めさえすれば怖いものではなく、人類の理想を指し示す存在となる。

地球文明のあり方が、単なる物質文明から霊文明へと根底から変化する事態となる。UFO&異星人に関してこれから起きてくる出来事は、一にも情報開示、二にも情報開示である。

短期間でUFOの公的存在認知、異星人の公的出現や、異星人との公的意思疎通を通じての太陽系国家や銀河系連合組織の検討へと入ってゆくことになる。政府系組織はその動きからは置いてゆかれることになろう。先ずは民間レベルの意識の開けた人材群が宇宙的スケールで地球人類を主導することになる。

今や神の世界＝神界が日本列島に降りてきているのである。地球人類は、UFO&異星人を現実存在として認識することで、速やかに、最も痛み少なく弥勒世＝神の世に移行することが可能となる。

地球人類全員が弥勒世に渡れるのか？

ディープステートは本当になくなるのか？

龍神界と神界の違いは？

宇宙の三分の二は機械（＝AI）に支配されているのか？

正しい日本史が消されてしまって回復されていない。ネット上を流れる日本の歴史は全く駄目である（第六章「【補記3】本当の歴史＝関裕二史観について」を参照）。

これらの多くの課題については、本章では検討しきれなかった。

とにかく未検討の課題が多過ぎる!!

「急がば回れ」というが、今一番大切なのは日本の歴史を正しく知ることである。神は筆者にそのように告げているように感じる。どの方向に進んでゆけばよいのか!?

神さまの言う通りだが、答え合わせは次章で……。

第三章　日本の中核神を表に出す

執筆期間：二〇二三年十月十六日〜十二月十五日

アジマリカン行者のつぶやき

前章では、「地球維新と宇宙人と天皇の関係性」など、かなりアブナイ話を語った。一般的に言えば、筆者が語るような話をする人はいないので、「そこまで言い切って良いのだろうか？？」と心配になってしまう方もおられるだろう。だがこの問題は地球維新（＝岩戸開き＝弥勒世の開始）に密接に関係しているので避けて通れない。**ＵＦＯ＆異星人の実在こそが地球維新の起爆剤となる**のだから当たり前である。

今号は先ず筆者の原点の話から本題に入っていきたい。筆者は「あじまりかん」という言葉の普及を生業《なりわい》としている。どうしてこのような生業を営むようになったのかと言えば、筆者が初めて「あじまりかん」を唱えた時（＝２０１５年のある日）に、神が降りてきて筆者の体内に入ってしまうという体験があったからだ。筆者はこの体験を「あじまりかん体験」と名付けた。

筆者のその時の体験は「神の直接体験」であって、その時以来、「あじまりかん」という言葉が生き物のように筆者の中で常時鳴り響いていることを認識している。筆者にとっては「アジマリカン＝神」なのだ。

色々と古神道関連の書籍（特に山蔭神道家第79世管長・山蔭基央師の作品群）を読み漁っていると、筆者の中に飛び込んできた神の正体というものがより深く体感されてきた。

その神に関しては、過去の筆者の著作（『あじまりかんの法則』クリエイトブックス、『アジマリカンの降臨』・『エイリアンから日本人へ』いずれも日本建国社）で詳しく説明してきたつもりだが、筆者の本を表面的に全部読んだとしても、筆者と同等の体験（＝あじまりかん体験）をしない限り、その本当の意味が分かったということにはならない。

拙著の読者は、「あじまりかん」を唱えるなり念じるなりして、その人なりの「あじまりかん体験」をしなければほぼ意味がないのである。筆者は一人の「あじまりかん行者」であって、それ以上でもそれ以下でもないが、何のために「あじまりかん」を唱えるのかを本当の意味で分かっている人は極めて少ない。

大神呪あじまりかんを感得した人が少ないという実態は、一つは筆者の筆力不足のせいでもあるが、もう一つは多くの読者が勘違いしているせいでもある。筆者がそういう言い辛《づら》いことを言わざるを得なくなったのは、既に地球維新

「無功徳！」とは達磨大師の一喝

という大変革の時が迫ってきている（実は既に始まっている）ためである。

多くの読者の勘違いとは何か……。

「あじまりかん」は密教なのである。密教というのは体感や体得が必要な教説であるため、体験しなければ分からない世界なのだ。神仏を体験するために日本には修験道というものが存在してきたが、何もこれから山伏《やまぶし》になるとか回峰行《かいほうぎょう》をやるとかいう話をしようというわけではない。当会の場合で言えば、この会報を読んでいるとか、筆者の本を読んでいるとか、「あじまりかんを百万回唱えた」とか、などには無関係なのだ。あじまりかんを唱えると何かよいことがあるとか、お金が儲かるとか、欲しいものが手に入るとか、都合のよいことを考えている方がおられたら、そういう意味では「あじまりかんは無功徳」だということをお伝えしておこう（実際には色々な現象が起きるが）。

「あじまりかん」を分かりたければ、あじまりかん行者となって、自分で工夫しなければならない。

山蔭神道のような古神道の修行方法も有効だと思われるが、それで確実に神を摑《つか》むというのはなかなか難しいようだ。だいいち筆者は山蔭神道の様々な修行についてはほぼ門外漢で、「自霊拝」と「あじまりかん」しか知らないし、各種の修行法を知るべきだとも思っていない。以下に述べる理由からである。

筆者の「あじまりかん」の分かり方とは体験的なもので、動的な理解と言えるものだ。動的理解とは、**「あじまりかん」というものを動きを伴ったエネルギーとして捉えよう**とする理解の仕方で、合気道のような武道に通じるものだ。筆者は、実際に合気道をやったことはないが、神の気というものを把握しているので、合気道を理解できる。

ありし日の植芝盛平翁。アジマリカンは合気道と同様、気を意識する

　そういうことを言うとますます難しくなってしまうが、事実だから仕方がない。大切なのは「あじまりかん」という言霊《ことたま》（＝音の響き）で一種の気のエネルギーが動くということだ。発声しても無声でも効果は同じで、古語の「アチマリカム」でも現代語の「あじまりかん」でも効果は同じである。うまく言えないのだが、アジマリカンという日本語の音の並びは一つの霊的な生き物となって働くのである。

　以上のことは体験者の言葉として信じていただいてよい。先ずは**アジマリカン行者になって、アジマリカンの気や波動を体感するところから始める**べきなのである。

アジマリカンの気というものは誰でも感得できるものだ。人によって異なるが、ある特定の神社へ行った時に、神社の境内に入った途端に感じる凜《りん》とした神気に似ている。

要するに、「あじまりかん」を唱えた途端に神の波動が一種の気として降臨する。その体験を「あじまりかん体験」と呼び、その体験から当会も日本建国社もスタートしたことを理解されたい。「あじまりかん体験」は誰でも可能で、唱える人毎に異なる感じ方をする。筆者の場合は、「あじまりかん」が自分の腹中に入ってしまったという感じ方になったが、あなたはあなたなりの「あじまりかん体験」をする。その体験があなたのスタート地点となるのだ。筆者が語ることは論理的には証明不能だが体感可能なのである。

地球維新を目前にしたこの時期、改めて、「アジマリカンは立て替え立て直しの言霊であること」を強調しておきたい。現在の地球世界は立て替え立て直しの最中である。立て替え立て直しとは、古いものが消えて新しいものが創造されるプロセスだ。今、**宇宙の中心から発したアジマリカンの気が渦巻いている**のだ。

筆者はメールアドレスも電話番号も公開して、いかなる質問や疑問に対しても応えようと思っている。「あじまりかんの道」とは霊的な武道であり、**〝スピリチュアル〟という外来語で表現される世界とは別物**である。疑問があったらいつでも筆者までお尋ねいただきたい。

以下、アジマリカン行者のつぶやきとして聞いていていただきたい。

〝一厘の仕組〟の答え合わせ

前章末に「答え合わせは次章で……」と書いたが、ここからが本題である。本章では、「一厘の仕組」と呼ばれている神の人類救済計画について、その正解を語りたい。

先ずお詫びと共に告白したい。「今まで筆者が読者に伝えようと思っていたことは、間違っていた」と言うよりも、少し思い違いをしていた。筆者の思い違いについてお話ししよう。

前章の「Ωデイ（＝一厘の仕組＝とどめの戦）の正体」において、次のように書いた。

　筆者が過去の『あじまりかん通信』や最近の書籍「地球維新シリーズ」でＵＦＯ＆異星人のことを語ってきた内容こそが、「八方的地上から十方的地上となる」の具体的詳細なのだ。八方的地上とは今までの地球世界（物質的・平面的）、十方的地上とは神の心が顕現した世界（霊的・立体的・宇宙的）のことだ。

「日本は世界の雛型である」とは、大本の教えや『日月神示』でよく言われる神の経《けい》綸《りん》の原理である。日本が世界の親国なので、日本から世界へと「地球維新＝神の革命」が起きてくる。

　筆者が語ってきたのは「大神の最終経綸」、すなわち、「日本で起きた〝明治維新〟が〝地球維新〟の雛型となって、日本から〝地球維新〟が始まり、それが世界中に広がる」という流れである。

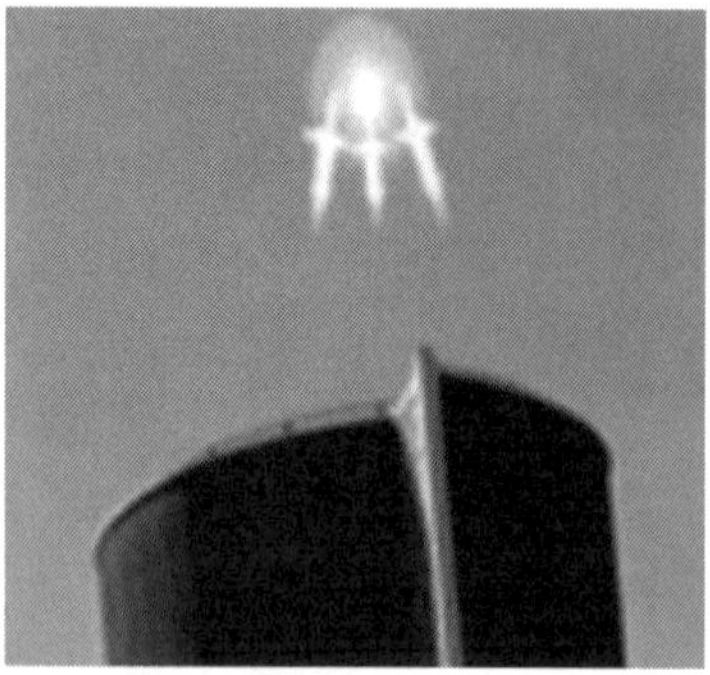

神世三剣 UFO 動画の一コマ

　最近の筆者は宇宙方面に気が行ってしまい、UFOや異星人、Ωデイなどの現象面ばかり考えるようになってしまっていた。

　筆者は一厘の仕組を、「Ωデイ」とか「とどめの戦」とか「地球維新」という言葉で表わされる出来事だと思っていた。これが勘違いだったのだ。これらの出来事は一厘の仕組そのものではなく、一厘の仕組が遂行された結果として起きてくることなのだ。

　一厘の仕組は神の計画だが、神は目に見えないし、

「神の計画を知っている」などと言っても誰も耳を傾けてくれない。神の実在を伝えるのは非常に難しいのだが、数年前に『アジマリカンの降臨』（日本建国社）という本を書いた。当時は自費出版である。どうしてそういう本を書こうと思ったかと言えば、「アジマリカンで一輪の秘密が完全に解けた！」と思ったからだ。ここでいう「一輪の秘密」とは「一厘の仕組」の言い換えである。

困ったことに「一厘の仕組」という表現は少々古臭くなっており、一般には意味が伝わりにくい。かと言って「神の経綸」という表現も難しい感じがするし、「とどめの神」という言葉も受けが悪い。例えば、２０１８年にヒカルランドから出版した拙著『**すべてがひっくり返る**』でも、筆者の真意は十分に伝わっていない。

同著に対する読者の批判的なコメントを読んで「この本は失敗だったのかなぁ」と思うようなことがあった。その体験により「神の話はなかなか伝わらない」ということだけはよく分かったのだが、「神の実在について一体どういう伝え方をしたらよいのだろうか」と考えていたのである。

そういう折も折、その日は布団に入ってからもなかなか寝付けず、「とにかくしんどいな〜。一体自分の身体《からだ》の中で何が起きているんだろう⁉　家族は一人ずつ順番に軽い風邪を引いて調子悪そうだし、自分も風邪がうつったみたいで、調子はよくない……」などと思いながら、一晩ゴロゴロしていた。

既に〝一厘の仕組〟は成し遂げられた⁉

その朝のこと、早朝突然自分の腹中から解答らしきもの（神の声⁉）が響いてきた。「**一厘の仕組は既に完成している**」という託宣のような言葉が、筆者の腹中から湧き上がってきたのであった。それが起きたのは、**2023年10月19日早朝**。午前四時頃に起き出してきて、本章の執筆を再開した。

「一厘の仕組は既に完成している」という内なる声はとても意外なものだった。「霊的な意味で」というただし書きは必要だが、何かが変わったのだ。日本も世界も混乱のまっ最中で、地球維新が起きたと言えるような状態ではない。だが、目に見えない世界で何かが切り替わったらしい。

前章では「Ωデイには宇宙人が姿を現わす」と言っていたのだが、ひょっとして筆者は狼少年になってしまったのだろうか？　今まで「異星人の公的な登場が弥勒世になった証拠だ」と思い込んでいたのだが、そういう大事件が起きるスケジュールが変わったのだろうか？　それとも、「一厘の仕組が完成した」の意味を再考せよということなのだろうか？

　これを書いている段階では「一厘の仕組は既に完成している」の意味はまだ完全には分からない。分からないまま、書いていくしかない……。

　筆者は「あじまりかん」を念じる以外の何か特別なことをやった覚えは全くないのだが、**自然に弥勒世完成が確定してしまった**ようなのだ。『大本神諭』や『日月神示』で警告されていた大破局も起きずに、完全に弥勒世への移行が済んでしまったらしい。つまり、日本民族の三分の二が滅亡するような大災害や戦争による立て替え立て直しは起きなかったのだ（ワクチン被害はどんどん広がっているし、あちこちで戦争は続いているが……）。

　我が家では小さな「立て替え立て直し」が何個かあった。第一は、家族全員が順番に軽い風邪を引いたこと。第二は、我が家の二階のトイレが壊れてしまい、取り替えるハメになってしまったこと。第三は私と妻の歯の治療。こういうことは「あじまりかん」を行じている過程でよくあることなので、「大難が小難で済んだ」と感謝で受け止めるしかない。

「近々地球はアセンション（＝次元上昇）する」とは、半分本当で半分嘘だ。今回のアセンションは我々人類が初めて体験するものなので、その解釈が難しい。アセンションが外来語であるということからも、「アセンションの意味は曖昧なままの方が都合が良い」という論理が見え隠れしていると感じる。

筆者の「アセンション」という言葉に対するこだわりは、「スピリチュアル系の人々が言っているような急激な物理的変化は起きない」という意味もある。だが、先ずアセンションという言葉に対して、日本語として明確な訳語（例：「天位向上」、「天位昇進」など）を与えるべきだと思える。

前章まで語り続けてきた「UFO&異星人問題」は、YouTube等のネットの世界では今、「これでもか」という情報開示が行われている。「一日も早く異星人との公開された会見が起きてほしいものだ」という思いは相変わらずだが、それも自然な形で起きることが期待される。

〝オイカイワタチ〟で知られる渡辺大起氏の作品『宇宙船天空に満つる日』（徳間書店）に書かれていたようなイベントは、今のところ起きていない。これから自然に起きてくるということかもしれない。

私自身への自戒も含まれるが、「何か特別な出来事が起きて欲しい」というような期待は、スピリチュアル好き人間や神さま好き人間が陥りやすい罠である。特にネット系の派手な情報拡散に対しては冷静に付き合う態度が求められる。

筆者は一厘の仕組というものを分かったつもり（実は何も分からない状態）でやってき

た。仮に一厘の仕組と言われる神の計画が完成したということであれば、日本と世界は否《いや》応《おう》なく弥勒世の姿を現わしてくるはずだ。神界の統合再編が完了して、自動的に弥勒世になるという意味だろうか？

福音法印は持統女帝の黒呪術を破った！

筆者はようやく目が覚めた。一厘の仕組とは、何回かの前生も含めて、自分が長年やってきたことに関係しているようだ。ここからは、筆者個人が体験したことや思い出したことを通じて、一厘の仕組の正体について検討しよう。筆者は『あじまりかん通信　第36号』のトピックで次のように書いた。

三本松不動院

【ある行者が二十代に体験したこと】

神戸市中央区の北野と言えば異人館が有名ですが、

不動坂を登ったところにある「霊石生不動明王」が結構人気で観光マップでも紹介されています。本尊は「生き不動」ですから霊験あらたかなわけです。

「ある行者」とは二十代の筆者です。筆者が学生だった頃、北野を歩いている時に偶然そこにお詣りしたら、思わぬ体験をしました。境内には不動明王の像や三本松稲荷神社もありますが、大きな天然石も置かれており、立て札には「大峰山修験道行者福音法印　入定之碑」と書かれ、背後の岩に「大峯三十一度」の文字が刻まれています。

筆者は「福音法印」という名を見た瞬間、これは前世の自分だと分かりました。「大峯三十一度」とは、惜しいところで回峰行が終わってしまい、願は成就しなかったということです。「入定」とは行者の死を意味します……。

学生時代、筆者は神社巡りなどの祈りの修行をしており、そこで祈ると、自分の中から「我が今生の願い成就せり」という強い確信が響いてきました。

筆者の願いとは「人類の永久的完全平和」だったのですが、筆者が今生で「満願」=願いが成就されるという直感を得たのです。「成就せり」というのは完了形ですから、今生で必ず実現するという意味です。筆者が生きている間に「世界が完全平和になる」という願いが叶うのですから、すごい霊感だったわけです。

現在の日本国内の有りさま、地球世界で起きていることを毎日見ている訳ですが、常識的感覚では、「そんなに短期間で地球に完全平和が訪れることはあり得ない」と思えるわけです。ところが宇宙の大神は、神戸北野体験から40有余年後、行者（＝小生）に「あじまりかん体験」という形で「満願回答」をお示しになりました。

慶長十二（１６０７）年九月、**大峰山《おおみねさん》回峰《かいほう》行者・福音法印《ふくいんほういん》**が神戸北野の地で入定した。福音法印というのは法名で、本名は分からない。彼は真言系の修験者であった。筆者が学生時代（１９７８年頃）に神戸市中央区の霊石生不動明王を訪れた時に偶然見つけた、ある大峯回峰行者の記録である。

昨今、修験道が流行っているらしい

先ず「どうして神戸北野なのか？」という疑問が出てくる。これは今生の筆者が神戸大学で学ぶということを福音法印が見越していたのか、筆者の過去生が今生の斎藤を神戸北野まで導いたのか、のどちらかであろう。どちらでもいいのだが、大昔から仕組まれていたということになる。

前記の「ある行者が二十代に体験したこと」という記

ごとについて、入定の意味を解釈し直す必要を感じただけでなく、もっと深く掘り下げてみる必要を感じた。ただごとではないような何かがあったはずだと感じたからでもある。

筆者の当地への初回訪問時には「福音法印とは自分の前世だ」と感じていた。これは単にそう思ったということで、明確な理由はない。前号の記事では「入定」を「死亡した」と単純に解釈したが、「どうも違う」という感覚が出てきた。その感覚は筆者のもう一つの前世と関係しているという気がしてきた。

筆者のもう一つの前世とは、井上靖の作品『**天平《てんぴょう》の甍《いらか》**』に登場する**普照《ふしょう》**という修行僧で、生没年不明だが天平時代の人である。東宝映画『天平の甍』が1980年に公開され、公

映画『天平の甍』
中村嘉葎雄が普照を演じた

「大峯三十一度」「九月吉祥」とある

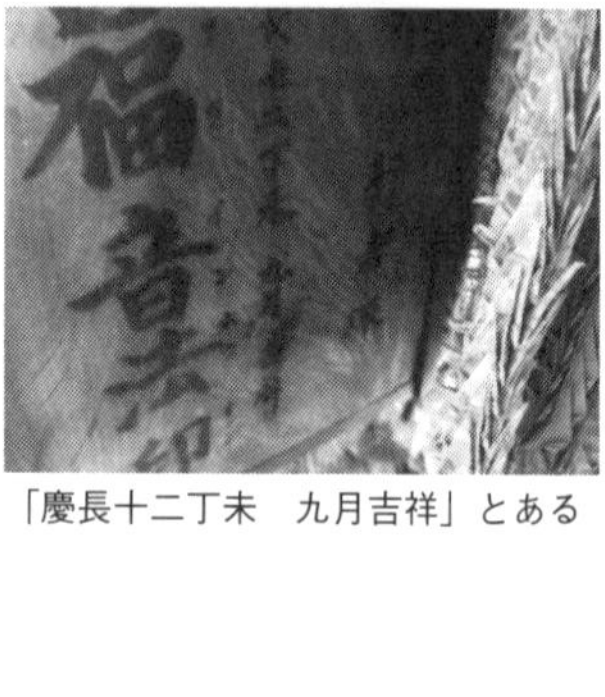
「慶長十二丁未　九月吉祥」とある

開当時、札幌でその映画を見た。中村嘉葎雄《かつお》が演じる普照を見た時、「これは前世の自分だ！」と確信した。

それと同時に、相棒の榮叡《ようえい》（唐で病に倒れた）や鑑真の弟子・思託《したく》（来日して活躍した）も、当時の仕事仲間として転生していることがすぐに分かった。それが分かったのは筆者だけだったようで、同じ映画を見た同僚たちには分からなかったようだ。

このように語る以上、一厘の仕組は筆者個人に関わるものだということが分かる。

江戸時代の福音法印の大峯回峰行と天平僧・普照の経験はどこかでつながっていそうだ。普照は鑑真和上を日本に連れてきた日本側のメンバーだった。「普照にはやり残した仕事があり、その仕事をするために福音法印として転生したのではなかったか」と思えるのだ。

神戸北野の不動明王院に掲げられていた「入定の碑」の文言である「大峯《おおみね》三十一度」と「吉祥《きつしよう》」をどう解釈するかが重要らしい。「三十一」という数字にはどうにも引っかかるものを感じていた。「三十一という数字にはどこかで出合っている」という記憶があったからだ。おそらく持統天皇に関係がある……。

そこでいつものように、歴史作家の関裕二氏の著作を探した。『謀略の女帝　持統天皇』（フットワーク出版社）が見つかった。同書で「持統天皇在位中の吉野への行幸回数が三十一回」を確認した。これは『日本書紀』に記載された記録である。関裕二氏は同書で、持統天皇在位中の憑《つ》かれたような吉野行幸について、「持統自身が神となるための呪術目的の吉野行幸だったのではないか」という推理を働かせていた。

普照は鑑真和上を日本に連れ帰った後、交遊のあった**淡海三船**《おうみのみふね》から、「持統天皇と藤原不比等が結託して『日本書紀』編纂時に大がかりな歴史の改竄が行われたこと」を知ったに違いない。筆者は、「淡海三船が『日本書紀』に天皇の漢風諡号《かんふうしごう》（神武、景行、応神、持統、等の漢風の呼び名）を盛り込んだ人物」という説を採用している。

【あじまりかん人物評伝（68）淡海三船（722―785）】

名を御船とも。奈良後期の文人。天智天皇の皇子大友皇子の曾孫。父は葛野《かどの》王の子池辺王。751年（天平勝宝3）淡海真人を賜姓。卒伝に「性識聡敏にして群書を渉覧しもっとも筆札を好む」とみえ、大学頭・文章博士《もんじようはかせ》として石上宅嗣《いそのかみのやかつぐ》と並ぶ文人の首と称された。しかし756年（天平勝宝8）朝廷を誹謗したとして大伴古慈斐《こしび》とともに禁固された。恵美押勝《えみのおしかつ》の乱で勢多橋を焼いてその一党を防ぎ、その功によって東山道巡察使に任じられたが、苛政のため767年（神護景雲元）解任。若い頃、元開という僧名を得たこともあり、外典・漢詩にもすぐれ、「続日本紀」「唐大和上東征

伝」を撰した。(『山川　日本史小辞典』より)

残念なことに、淡海三船の正面を向いた絵を探したが見つからなかった。それ程有名な人物ではないから仕方がないかも知れない。関裕二氏の『天皇諡号が語る古代史の真相』(祥伝社新書)は、氏の十冊以上の既刊書をまとめたもので、言わば「日本古代史の最重要ポイントを整理したもの」という位置付けのものだ。この本は小生の愛読書であり、本の腹が指垢《ゆびあか》でかなり汚れているという代物である。今号の連載ものを書いているうちに、前掲書に対して「ここまで日本古代史の真実を暴いている本を書けるのは淡海三船しかいない」という閃きがあった。この閃きは小生も滅多にない不思議な感覚であり、「歴史作家の関裕二は淡海三船が生まれ変わった人物だ」という第二の閃きを伴っていた。さらに「自分(斎藤)と関裕二氏は前世で知り合いだったに違いない」という第三の閃きがあった。この世的には何の根拠もないのだが、関氏の作品群を読み返すことにより、一連の直観群が小生を襲い、今号の記事群を書き進めるうちに閃きが確信へと変わっていった。

淡海三船

卑近な喩えだが、「ゴンベが種蒔きゃカラスがほじくる」だったのである。ここでゴンベは持統天皇・藤原不比等のコンビ、カラスは淡海三船である。淡海三船は、持統天皇・藤原不比等コンビがやらかした歴史改竄（『日本書紀』の編纂）の目撃者だったのだ。だから、後世の人間が『日本書紀』の付いた嘘を見抜けるように、類《たぐ》い希《まれ》な文人としての才を生かして工夫を凝らしたのである。その工夫の跡が記紀等の歴史書に登場する天皇の漢風諡号（神武、崇神、応神、等々の名前）であり『懐風藻』の各所に埋め込まれた彼の独自見解（『日本書紀』とはことごとく異なる記述）だった。

ゴンベが撒いた種とは、日本古代史上の秘中の秘＝「本当の皇祖神＝天皇霊」のことだ。関氏は前世に自身（淡海三船）がほじくった種を再発見し、氏の作品として見事に花咲かせ結実させた。本記事は一厘の仕組の種明かしの一部となるはずである。

この辺りの事情を解明した人物こそ、歴史作家の関裕二氏だということを思い出した。それはただの思い付きではなさそうだ。筆者は関裕二氏に会ったことはないのだが、前世では知り合いだったように感じる。

関裕二氏は前世で淡海三船だったのではなかろうか。前世では、筆者（普照）と関裕二氏（淡海三船）は志を共有する間柄だったように思う。もちろん、ここで筆者が書いた内容は想像だが、そうとでも解釈しない限り、筆者がこのように、関裕二史観で日本の歴史を語っている理由が分からないのである。

普照は、「持統女帝と藤原不比等がしでかした日本史の改竄」が許せず、生まれ変わって、持統の日本史改竄呪術を破ろうとした。そう考えれば、福音法印の大峰三十一度回峰が「吉祥（めでたいこと）」とされた意味が分かる。福音法印は持統天皇の呪術に対抗して、再度転生した筆者に向けて、「持統の歴史改竄の事実と意図を明らかにせよ」と、謎解きのヒントとして数字の「三十一」を残したのである。福音法印が残しておいたヒントは、今生の斎藤に向けたものである。

持統天皇は相当にしぶとい人間で、筆者も『アジマリカンの降臨』執筆時に持統天皇霊を相手にした記憶がある。その時は「持統は持統本人を含む天武系の天皇が京都の泉涌《せんにゆう》寺《じ》に祀られていないことを知らせたかったのではないか」と推理したのだが、それだけではなかったようだ。

生前の持統はそういう可愛《かわい》げのある人間ではなかった。彼女が藤原不比等を抜擢して編纂させた『日本書紀』による歴史書き替えは徹底したものだった。何しろ持統女帝は自らが皇祖神・天照大御神になるための呪術と歴史改竄と伊勢神宮の祀り替えを行った人間である。

筆者は持統天皇に対する特別な感情はなく、「持統も私も関裕二氏も一厘の仕組という、神の大きな計画の中で役目を果たしているのだ」という感覚なのである。

持統が怖ろしい悪役を勤め上げたという事実は消せないが、彼女の「吉野行幸回数＝三十一度」の謎が解けたので結果オーライである。彼女も最後は改心したのかも知れない。

予言された一厘の仕組とは

一厘の仕組については、出口王仁三郎の『霊界物語』、岡本天明の『日月神示』等の文書で予言されてきた。先ずは『霊界物語』から関連部分を拾ってみよう。

【霊界物語　第1巻　第4編　竜宮占領戦《りゅうぐうせんりょうせん》　第35章　一輪《いちりん》の秘密《ひみつ》】

（三個の神宝《しんぽう》「潮満《しおみつ》の珠《たま》、潮干《しおひる》の珠《たま》、真澄《ますみ》の珠《たま》」に関する説明）

いづれも世界の終末に際し、世界改造のため大神の御使用になる**珍《うず》の御宝《みたから》**である。

しかして**之を使用さるる御神業《ごしんぎょう》がすなはち一輪の秘密**である。

【霊界物語　第1巻　第4編　竜宮占領戦　第36章　一輪《いちりん》の仕組《しぐみ》】

国常立尊《くにとこたちのみこと》は邪神のために、三個の神宝を奪取《だつしゅ》せられむことを遠《とお》く慮《おもんぱか》りたまひ、周到《しゅうとう》なる注意のもとにこれを竜宮島《りゅうぐうじま》および鬼門《きもん》島に秘《ひ》したまうた。そして尚《なお》も注意を加へられ大八洲彦命《おおやしまひこのみこと》、金勝要神《きんかつかねのかみ》、海原彦神《うなばらひこのかみ》、国《くに》の御柱神《みはしらのかみ》、豊玉姫神《とよたまひめのかみ》、玉依姫神《たまよりひめのかみ》たちにも極秘《ごくひ》にして、その**三個の珠の体《たい》のみを両島に納めておき、肝腎の珠の精霊《せいれい》をシナイ山の山頂《ざん》へ、何神《なにがみ》にも知らしめずして秘し置かれた**。これは大神の深甚《しんじん》なる水も洩《も》らさぬ御経綸《ごけいりん》であつて、一厘の仕組とあるのはこのことを指《さ》したまへる神示《しんじ》である。

【霊界物語　第1巻　（前付）基本宣伝歌】

神《かみ》が表《おもて》に現《あら》はれて
善と悪とを立《た》て別《わ》ける
この世を造りし神直日《かむなおひ》
心も広き大直日《おおなおひ》
ただ何事も人の世は
直日《なおひ》に見直《みなお》せ聞直《ききなお》せ

身の過《あやまち》は宣《の》り直《なお》せ。

『霊界物語』では、艮の金神＝国常立尊が使用する三個の神宝（潮満の珠、潮干の珠、真澄の珠）について語り、それらを注意深く隠したという説明がなされる。非常に多くの意味が隠された文章で、龍宮、乙姫、浦島伝説、神功皇后などのイメージが湧いてくる。「珠の精霊をシナイ山の山頂へ」とあるから、イスラエルとの関連性も示されている。非常に含蓄のあるメッセージである。特に「**神が表に現はれて**」の文言が重要である。

次に『日月神示』より、その部分を見てみよう。

【日月神示　第一巻　上つ巻　第二十八帖】

神の国を千切《せんぎ》りにして膾《なます》にするアクの仕組は分りて居る、アクの神も元の神の仕組を九分九厘までは知ってゐて、天地ひっくり返る大戦となるのぞ。**残る一厘は誰も知らぬ所に仕かけてある**が、この仕組、心で取りて呉れよ、神も大切ざが、この世では臣民も大切ぞ。

【日月神示　第二巻　下つ巻　第二十帖】

今度の戦は神力と学力のとどめの戦ぞ。神力が九分九厘まで負けた様になったときに、まことの神力出して、ぐれんと引繰り返して、神の世にして、日本のてんし様が世界まるめてしろしめす世と致して、天地神々様にお目にかけるぞ。

【日月神示　第二巻　下つ巻　第二十一帖】

ヽばかりでもならぬ、〇ばかりでもならぬ。⦿がまことの神の元の国の姿ぞ。元の神の国の臣民は⦿でありたが、ヽが神の国に残り〇が外国で栄へて、どちらも片輪となったのぞ。ヽもかたわ〇もかたわ、ヽと〇と合はせてまことの⦿（かみ）の世に致すぞ。今の戦はヽと〇との戦ぞ、神の最後の仕組と申すのは〇にヽ入れることぞ。〇も五ぞヽも五ぞ、どちらも、このままでは立ちて行かんのぞ。**一厘の仕組とは〇に神の国のヽを入れることぞ**、よく心にたたみておいて呉れよ。

『日月神示』では、「残る一厘は誰も知らぬ所に仕かけてある」とか、「一厘の仕組とは〇に神の国のヽを入れる」という説明があるだけで、どうもピンと来ない。情報量が少なすぎるのだ。

日月神《ひつくのかみ》は一厘の仕組のことがあまり分かっていなかったのだろうか……。そう思われても仕方のないようなそっけない説明である。

『霊界物語』や『日月神示』をいくら読んでも、一厘の仕組の匂いはするものの、具体的なことは何も分からない。現段階ではよく見えないので、第六章の「アジマリカンとパンデミック条約反対デモの関係!?」で再検討することになろう。

普通の人が〝一厘の仕組〟をこなす事情とは

筆者は過去に「一厘の仕組」について私なりの答えを出しており、そのことについて書いてきた(『「一輪の秘密」が完全解明された！　アジマリカンの降臨』日本建国社)。ここでは、一厘の仕組を推進するための必要条件について整理したい。

一厘の仕組をやるには霊能力が大きな妨げとなる。つまり、天眼通《てんげんつう》、天耳通《てんにつう》、神足通《じんそくつう》、他心通《たしんつう》等の神通力《じんつうりき》は不要である。あるいは、神通力を持っていてもよいが、神通力を使いたいという誘惑に負けず、完全に智力でコントロールできればよい(しかし、現実的には、必ず使いたくなるような場面が出てくるので、それは不可能である)。また、自意識が失われてしまうような神懸《かみが》かりも無用である。

見えない世界の詳細は分からない、外見的には普通の人間が一厘の仕組をやるのである。霊能力よりも智力の方が重要である。智力というのは一霊四魂（人間の魂は和魂《にぎみたま》、荒魂《あらみたま》、幸魂《さきみたま》、奇魂《くしみたま》という四つの要素から成る）という古神道の考え方で言えば奇魂の働きである。奇魂の働きとは一般に「智力」を意味するが、学び理解し考える力で、記憶力ではない。

よって、神や霊が見えてしまうサイキック（霊能者・超能力者）タイプや霊媒タイプの人間には一厘の仕組は務まらないということになる。

霊能的人物は霊的に見聞きした結果に囚われてしまったり、欲望のままに霊力を使い勝ちになるからだ。人にはない霊能力があれば使いたくなるというのは大いなる誘惑であり、そんな力は人間として普通に生活してゆくには邪魔になるだけである。

筆者はいわゆる「サイキック」ではない。霊の姿は見えないし霊の声は聞こえない。また、念力もないし、物質化現象も起こせないし、テレポーテーションもできない。その種の能力がないという点では、普通過ぎるほど普通の人間である。

ただし、霊覚という波動的な感知力だけは多少持っている。神霊に対する皮膚感覚的な知覚力だけが備わっているのである。これは人間ならば誰でも持っている感知能力であり、神社の神域で清々しい気を感じる類《たぐい》の知覚能力が多少備わっているのだ。私のような普通の人間にも「神の心」は伝わってくるのである。

どうして神の心が分かるのかと言えば、人間は神の分けみ霊《たま》だからである。神と人間は同じものなのだから分からなければおかしいのである。これは普通の人間に生来備わっている能力だからである。

筆者の場合には、宿命通《しゅくみょうつう》という前世を知る能力はあるような気がするが、これは自分の前世について執筆ネタとして必要なことしか分からないもので、神通力というほどのものではない。

古神道的伝統の中に世界神道の核心が存在する

次に、山蔭神道の神行（行法や思想）について、斎藤が理解していることを簡単に述べたい。なぜなら、筆者は「あじまりかん行者」を自称しているからだ。（参考：佐藤定吉『日本とはどんな国』たま出版）

第一に「自霊拝」について。山蔭神道には自霊拝という自分を拝む行があるのだが、自分を愛し尊ぶためにはこの修行だけで十分だと考えている。（参考：山蔭基央『神道の神

秘』春秋社）

第二には「あじまりかん」について。「あじまりかん」は神力発動のための呪文（カジリ）なので、自霊拝とは全く別の行法である。

第三は「一霊四魂」という原理だが、これは人間の霊魂が宇宙創造神の分け み霊であるという事実を知ることに他ならない。

第四は「禊ぎ」の思想である。これは古神道の思想として普遍化した内容（例：整理整頓、清潔を保つこと、日々の反省などなどの日本的習慣の背景にある思想）として学ぶべき行動原理である。筆者には水を使った禊の体験は一回もない。滝行などをする必要はないと考えている。禊とは日頃の生活態度であり、形式ではないからである。

故山蔭基央師は、神道の世界化（世界神道の樹立）を目指して外国人にも神道を教えられていた方である。師は筆者から見れば神道の大先達なのだが、筆者なりの意見がある。神道として外国人に伝えるべきは、「自霊拝、あじまりかん、一霊四魂の法、禊ぎの行動原理」という四種類の教えだけに留めるべきであると信じている。この四種類の教えだけで、世界神道は確立されるはずだ。

どうして門外漢の斎藤がこういうことを言うのか？

その理由は簡単で、教えは少なければ少ないほど良いからだ。私は「あじまりかん」を実践し始めてから数年しか経たないのだが、前記の四種類の教えだけでＯＫ（結果に満足）だったからだ。

「あじまりかん」という呪文が一厘の仕組と関係があるとすれば、そこから世界神道が生まれる、という思い付きにも意味がありそうだ。筆者が山蔭神道の教えを自分なりに大切にしているのは、山蔭基央師が世界神道実現のためのヒントを書き残されたはずだと思うからこそである。

〝一厘の仕組〟とは宇宙の中心の神を降ろすこと

筆者がたどり着いた結論を言おう。**一厘の仕組とは、地球に宇宙の中心の神を降ろすことである。**

降ろしてくる神は宇宙の中心の神であるから、『古事記』で言えば天之御中主神、『日本書紀』で言えば国常立尊となる。ところが、神の階層については、筆者には詳細が見えない。それでいいのかという思いもある。

筆者は、２０１５年以来そのことだけを心にかけて日々「あじまりかんの生活」を送ってきた。そしてようやく「一厘の仕組は既に完成している」という心の声を聞くことができた。

私流の「あじまりかんの生活」とは「自身の臍下丹田に宇宙の中心を持ってきて保つ生活」である。神さま方面に興味のある方であれば、斎藤が言っていることは何となく分かるであろう。この生活が、華厳経に語られている蓮華蔵世界を地球に降ろす行為であり、それだけで良いという信念で数年間やってきた。

蓮華蔵世界のコンセプトは「**中心帰一**《ちゅうしんきいつ》」である（谷口雅春『古事記と日本国の世界的使命』光明思想社）。人類の各人が自己存在の中心に最上位の神（中核神）をおかない限り、この世界に秩序はもたらされない。皆が中心を意識して生きてゆけば、自然に各々の役割が定まり、世界が正しく回り始める。

中心の神を意識して自然に決まってくる各々の役目を霊位と呼ぶ。霊位という言葉には、「霊の位《くらい》（＝階級）」と「霊の位置（＝役割分担）」という二つの意味がある。神の世界では霊位で各自のポジションが自ずから定まっている。霊位で定まる各自のポジションとは、あくまでも自然に、それこそ神《かん》ながらに定まるものだから、弥勒世の基本中の基本の法律のようなものである。これは頭で理解すべきものではなく、身体感覚として習得すべきものだと考えている。

皆が一つの神聖なる中心を意識することなしでは一向に秩序がもたらされない。**大切なのは中心の神を定めること**なのだ。中心の神さえ定まれば、巧まずして世の中が回ってゆくようになるのである。

筆者が中心の神を意識する生活を続けてきた結果として、「一厘の仕組が完了してしまった」という感触を得たのだ。本当にそうなのかは断定できないという気持ちもあるが、だんだんと日本と世界が良い方向に進んでゆくことは予測できる。世界の完全平和は既に神の世界では確定していると感じるので、我々としては地上世界がそうなることを楽しみにしながら、日々の生活を続けてゆくだけでよいはずだ。

中心の神を表に出す

「大切なのは中心の神を表に出す」ことなので、現時点で筆者が考えている「中心の神」とは何かを次頁に図解した。次頁の「図：中心の神＝天皇霊＋地球霊を定義する」は、**日本の中核神**を示すための概念図である。

同図は筆者の今までの歴史的・霊学的な学びに基づいて描かれた。その目的は「天皇霊

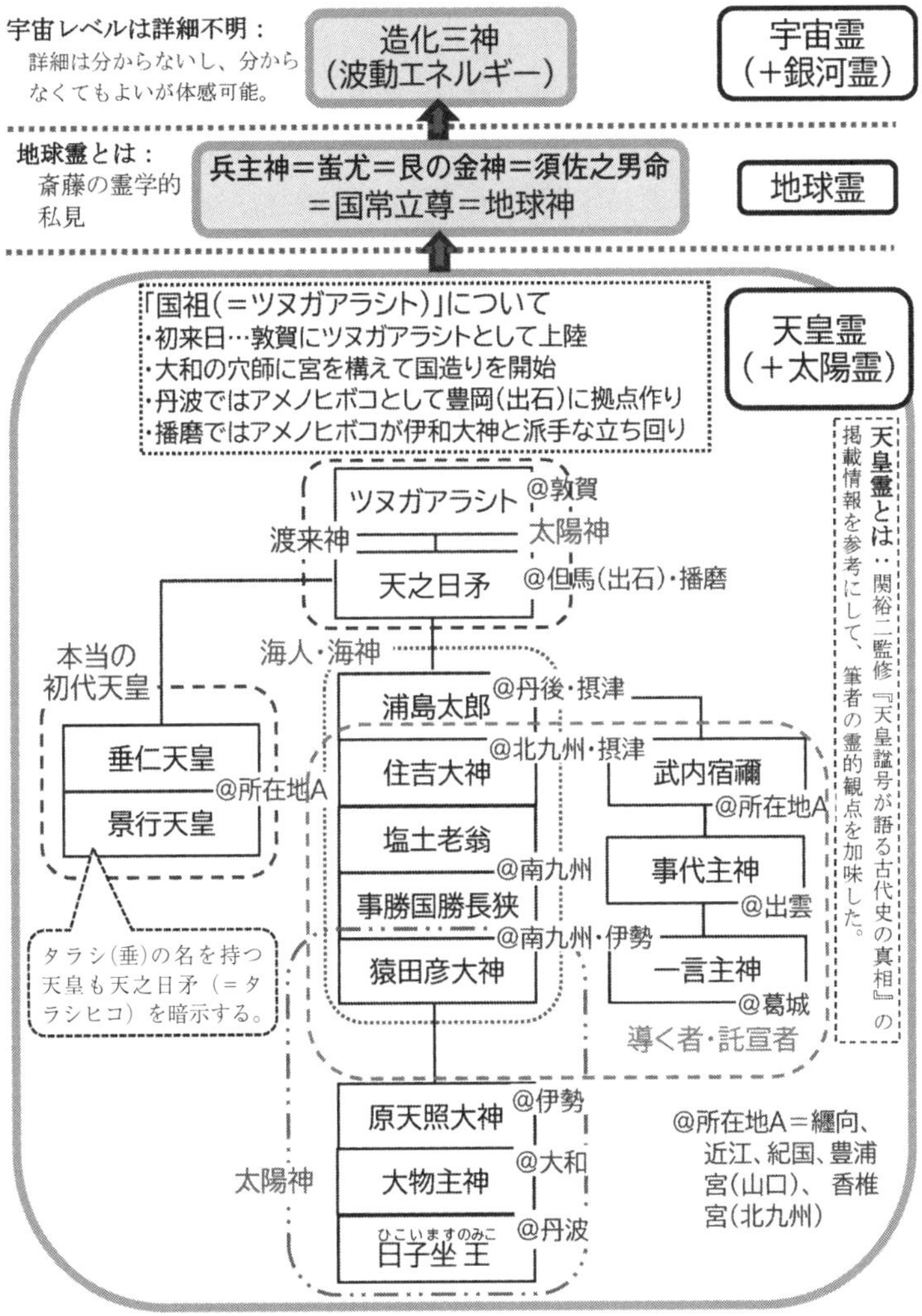

中心の神＝天皇霊＋地球霊を定義する

とは何かを明確化する」ということにある。

　この図は、関裕二氏の『天皇諡号《しごう》が語る古代史の真相』（関裕二監修、祥伝社新書）がなければ描けなかった。

　国祖という言葉を使う人は筆者だけだが、国祖・都怒我阿羅斯等《つぬがあらしと》（＝天之日矛《あめのひぼこ》）こそが天皇霊となった人物である。一厘の仕組は日本建国史（国祖＝天皇霊）の解明と直結している。その根本理由が知りたい。


　国祖＝天皇霊はまた、日本の本当の初代天皇として君臨した人物の霊である。天皇霊とはアメノヒボコであり、武内宿禰であり、住吉大神であり、猿田彦大神であり、……、浦島太郎のモデルでもある。天皇霊とはそういう一人の人物が亡くなって神となった霊である。

　一厘の仕組の中心にいたのが天皇霊と呼ばれる存在だったのである。持統の「自分自身が皇祖神アマテラスになる」という黒い意図を受けた藤原不比等が、本当の初代天皇（神武でも崇神でも応神でもなく応神の父＝武内宿禰）を意図的に多くの人物や神々に分けてしまったのである。

　筆者は今まで数冊の作品を出版し、会報も6年間で36冊（最終的に40冊）発行してきたが、本号で初めて一厘の仕組の核心部分を明らかにした。

中心の神＝天皇霊＋地球霊を世に出すことが一厘の仕組だったのである。

前掲図は拙著『愛子天皇と地球維新』（または『あじまりかん通信　第28号』）で発表済みだが、それを改善して「地球霊」の存在を明示したものだ。

箇条書きで整理すると……。

①仮説「日本の中核神＝天皇霊が表に出れば一厘の仕組が完成」…斎藤
②日本の消された歴史の中に神がいる→関裕二史観を学べ…斎藤
③『日本書紀』がついた嘘を暴けばよい→実際に暴いた…関裕二氏
④歴史上の消された最重要人物とは天之日矛＝武内宿禰＝住吉大神…関裕二氏
⑤天之日矛＝武内宿禰＝住吉大神が天皇霊だった…斎藤
⑥今回明らかになった天皇霊が日本の中核神だった…斎藤
⑦日本の中核神＝天皇霊＆地球霊を祀《まつ》り直す…徳仁天皇・伊勢神宮
（これから）

「**一厘の仕組とは日本の中心の神**＝**天皇霊**＋**地球霊が表に出ること**」だが、『日本書紀』

がどんな嘘をついたのか」を、その成立背景と合わせて明らかにしなければ日本の中核神(天皇霊＋地球霊)は出せなかった。いくら大切な神でも、関裕二氏による古代史の解明なしでは、その神の素性すら解明できなかったに違いない。

艮の金神＝地球霊とは天皇霊の奥におわす神

兵主神・蚩尤＝艮の金神。国祖は自ら兵主神を祭祀した。

ここまでやってきて、出口なおのお筆先「三千世界一度に開く梅の花、艮《うしとら》の金神《こんじん》の世に成りたぞよ。(中略)神が表に現はれて、三千世界の立直しを致すぞよ」に出てくる艮の金神の正体がようやく分かった気がする。

国祖・都怒我阿羅斯等《つぬがあらしと》には角があるから艮の金神だと思っていたのだが、**本当の艮の金神は兵主神《ひうずのかみ》・蚩尤《しゆう》**であった(皆神山すさ『穴師《あなせ》兵主神《ひょうずのかみ》の源流』彩流社)。霊の世界にも階層（奥行き）が存在する。天皇霊の正体を明らかにしなければ、地球神＝艮の金神も表には出て来られなかったのだ。

忘れられた神＝兵主神・蚩尤は、河童に似た角が生えた精霊で、明らかに人間ではない。国祖＝天之日矛は桜井市纏向《まきむく》近くの穴師坐《あなしにます》兵主《ひょうず》神社と滋賀県野洲市の兵主大社で自ら兵主神を祭祀した。日本建国当時は兵主神こそが国家鎮護の神だったのである（拙著『日本建国の秘密　ヒボコ編』日本建国社）。**兵主神は天皇が祭祀すべき神**なので、兵主神の祭祀を復活させなければならない。

日本の神は、同一実体が複数の名前を持たされているので、本体に到達するのは難しい。文献的な勉強だけでなく、様々な人生体験を積んで、その上に、霊的認識能力（霊能力や超能力とは異なる）も育ってこないと正解に到達できない。今回は、自分の腹中から〝一厘の仕組は完成〟の報告が意識に昇ってきた。もう何をしゃべっても問題なしと感じる。この報告が上がってくるまでの期間としては四千年近くかかっている。

筆者には『旧約聖書』のヤコブだった前世がある。ヤコブは天使（実は宇宙人）と相撲を取って負けなかったので、天使からイスラエルという名前をもぎ取った（紀元前17世紀頃）。しかし、ヤコブが相手にしたのは神ではなく、神のふりをした異星人だったに過ぎない。つまり『旧約聖書』に本当の神はいない。人類はここが分かっていないから斎藤が

「まことの神は日本に御座《おわ》します」と語っているのだ。

「日本の国魂にイスラエルの国魂が吸収されたのだから、中東のイスラエル国家は不要である」というのが、**一厘の仕組の論理的帰結**なのだ。

そのヤコブの時代から計算して、**約三千年七百年が一厘の仕組にかかった時間**である。一厘の仕組では「イスラエルは古代日本に吸収統合され役目終了」となるが、世界は間違いなくそういう方向に動いている。

途中経過は省くが、**イスラエル民族の本質は古代日本に吸収統合され、〝天皇〟を支える裏方となった。**「**イスラエル国家は本質的には既に消滅している**」というのが筆者の見解である。筆者はヤコブ＝イスラエルの御魂そのものなので、最後の最後にはイスラエル国（ユダヤ人）は筆者の主張を理解して従うことになるだろうと信じる。

現在のシオニストイスラエル（＝偽《にせ》ユダヤ人の集団、グローバルユダヤ）は人道に背く悪魔の政権だ。イスラエル×ハマス戦争とは自作自演のジェノサイドゲームで、和を尊ぶ日本人的感覚から見れば、ただただ怖ろしいとしか言えないものだ。（参考：YouTube『【緊急ＬＩＶＥ】イスラエル戦争から始まる世界の変化―小名木善行×海沼光城』〈https://www.youtube.com/watch?v=kaO8c7tH3eU〉）（現在は非公開）

本項のまとめ＆次章以降の課題として、一厘の仕組の骨子《こつし》を箇条書きすれば次のようになろうか。

1. 中核神について（本章で説明したが、艮の金神等について補足する必要あり）
2. イスラエル問題（本章で問題提起したが、日本史と絡めて考察、整理）
3. 日ユの関係、三種の神器、契約の箱、第三神殿、その他について（覚え書き）
4. 明治維新と地球維新の決定的な違い（もう一つの明治維新＝幕府主体の近代化）

第四章

日本の中核神が表に出た証拠

執筆期間：二〇二三年十二月十六日
～二〇二四年二月十五日

艮の金神を表に出した証拠

前章の続きを語ってゆこう。

「一厘の仕組は既に完成している」という声なき声を聞いたのは2023年10月19日。その出来事があった直後は意味がよく分からず、その意味を考える日々が始まった。2023年の年の暮れを迎えてもまだ意味を考える日々が続いている。「今や議論の段階ではない」（『コロナ・終末・分岐点』浅川嘉富&岡靖洋、ヒカルランド）という意見があることも認めるが、敢えて語るつもりだ。

前章では、「中心の神＝中核神を整理して文書化する」という作業を行った。前章を書く作業が進むにつれて、筆者の身体にはその経過が具体的な変化として現われてきた。その意味が分かるまで体感的なフィードバック（試行錯誤）が続いている。このプロセスは、肝心の意味が分かるまでは終わらないだろうということだけが分かっている……。

我々は映画『マトリックス』の世界の中にいる（単なる思い付きだが……）。

一厘の仕組というものは「分からずにやる」という趣旨のものだから、本当に本人にも神々にも具体的なことは一切分からないのである。随分おかしな話だが、分からないでやることに積極的意味があるのだ。

一厘の仕組が「分からずにやる」という原則に貫かれている背景には、この五尺何寸の肉体人間が考えたりやったりすることなどたかが知れているという諦念《ていねん》がある。多少ものが見えたり霊力があったりしても、正しいことができるとは限らない。一厘の仕組について具体的なことが言えないのは、肉体人間では不可能だからである。アジマリカンで見えざる神に働いていていただくということに意味がある。そのようにしか言えないのである。

筆者が声なき声を聞いてから起きた一番大きな変化は、今まで数年間筆者の体中で鳴り響いていた「あじまりかん」の音がなくなったということだ。「アジマリカン＝神」という認識があったのだが、その神が筆者の身体から外に出てしまった。

つまり、文書として中核神を表現すること（＝図「中心の神＝天皇霊と地球霊を定義する」を描くこと）が、神を表に出すという行為そのものだったようだ。中心の神である地球神＋天皇霊を図として描いたことに大きな意味があったということになる。

その結果、筆者は「アジマリカンという神」を自身の内側には感じることがなくなった。外見的には「満七十歳になって、白髪が目立つようになったなあ」という感じでしかなく、妻も「ダンナの何が変わったのかよく分からない」ということだ。

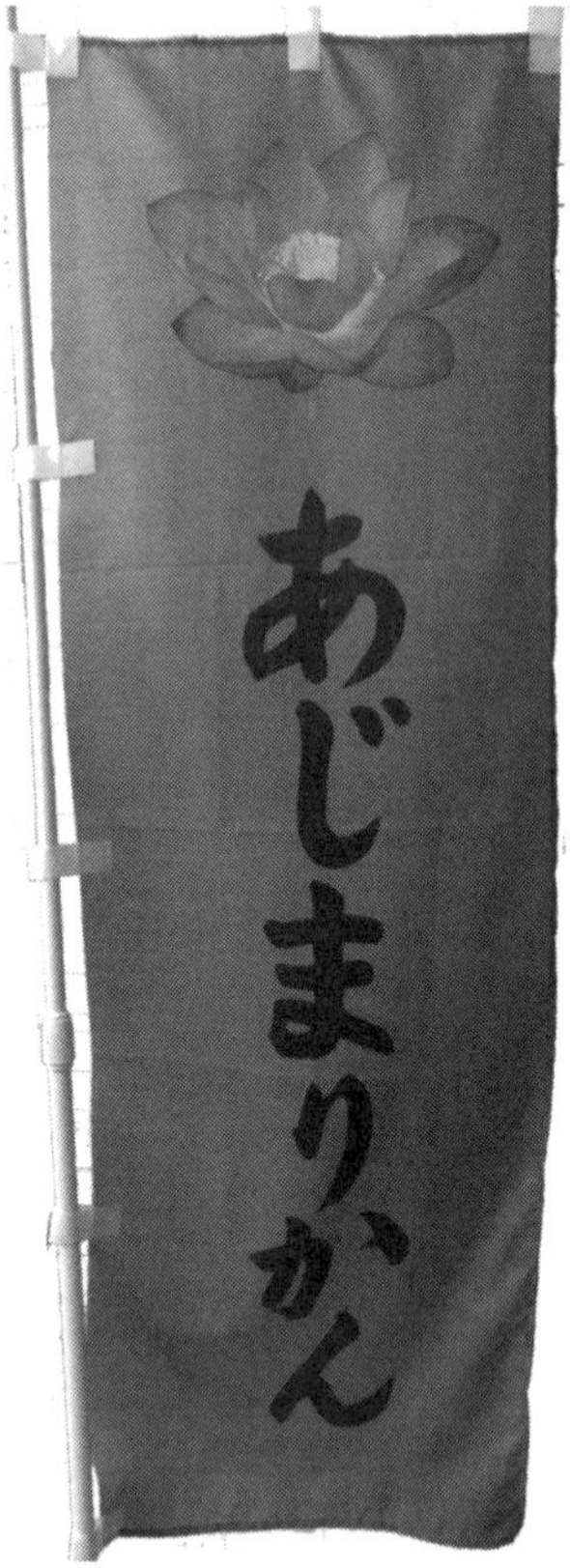

ホームページに掲載中の「あじまりかんの旗」

ところが、筆者の内面では、「あじまりかん友の会」や「あじまりかん通信」を続けるという意味が消え失せてしまったのだ。アジマリカンの神の立場から言えば、「アジマリカンの活動もやめる」ということらしい。少なくとも最初のうちはそのように感じていた。何しろ「あじまりかんの旗」まで作って、ホームページ〈https://ajimarikan.com〉に掲げていたのだから、「一厘の仕組が完成したので、アジマリカンの活動もやめる」と感じてしまい、戸惑うばかりだった。

そのことを受け入れるまでは体調不良が続いたが、受け入れた途端に体調が普通に戻ったことからも、筆者が従来通りの（霊的）生活を続けることはできなくなってしまったことが体感された。

以上の出来事から、筆者的には「日本の中核神を表に出したこと」を体感的に確認できたのである。

神というものは筆者にとって物理的に感じるモノ（＝実体）だから、アジマリカンというモノが身体外に出てしまったことによって、本当に一厘の仕組が完成したことを身体的に確認できたのだ。

この段階でハッキリ言えることは、「アジマリカンという音が艮の金神＝地球神（の言霊）であること」、「天皇霊は地球神と一体であること」などである。

「一厘の仕組は完成した」を神との契約という考え方で言い換えると次のようになるが、時の経過とともに感じ方が変化するかもしれない。間違っていることが分かれば、その時点で修正する予定だ。

「筆者は前世のある時点で地球神と契約した。その契約は《一厘の仕組》と名付けられた計画だったのだが、斎藤はその責務を果たした。もうアジマリカンを自分の仕事としてやることはない」

「契約」という言葉は聖書的（西欧的）表現で、個人的には好きではない。だが、今回は特別で「艮の金神」との契約があったと感じたのだ。

身をもって体験したからよく分かるが、艮の金神は強烈な神である。雷のような激烈な霊存在（宇宙レベルの精霊、龍神⁉）と一体になっている感覚は体験した者にしか分からない。筆者の体内に艮の金神が入っていた時のワット数が一万kWとすれば、現在三千kWぐらいと言えば分かっていただけるだろうか。その状態は頼りがいがあるもので、とても懐かしいが、戻ることはない（？）。今は普通の人間の感覚しかない。一万kWの人間がそばにいるだけでも、家族や周囲の人たちは大変なのだ。はっきり言えば、強過ぎて迷惑千万な人間だったのだ。

だが筆者からはアジマリカンの実体（＝艮の金神）が抜けたので、前よりは柔らかい人間になった（つもり（笑））。妻を初めとする家族は多少は楽になるだろう。

今さらながら「あじまりかんの神＝艮の金神」であることを、身をもって納得できたのである。

ところで、お詫びしなければならないことがある。

前号（本書では前章）の最後に、「次号でアジマリカンの活動を停止する」という意味のことを語ったが、その宣言は早過ぎたらしい。その先があったのである。前言を翻すようで非常に申し訳ないが、「アジマリカンに関することを全部やめる」と結論づけたことに問題があったようだ。

艮の金神が筆者の身体から抜けていった結果として、一種の虚脱状態が筆者を襲った。「身体から神が去っていった」結果として、文字通り空虚な状態がしばらく続いた。

まるで自分が浦島太郎になってしまったような感覚に襲われた。どこか遠い世界に数年間行っていたような感じとでも言おうか……。

龍宮城に約八年間往《い》って、現実世界に還ってきた。そういう感覚なのだ。現在は見事に普通の人間になってしまい、数ヶ月前まで感じていたことが事実だったのかどうか実感できないほどだ。それほど、アジマリカンという身体内音の実在感が強烈だったのである。

艮の金神はアジマリカンの元（＝素《もと》）である。アジマリカンの元が筆者から去った以上、筆者がアジマリマリカンに関することをやる理由がなくなってしまった。アジカンに関する活動をやめる」というようなことを書いてしまったのだ。

一厘の仕組の「分からずにやる」という性質上、本当のことを言おうとしても言葉として出てこないことが多く、途中で感じたことを正直に書くしかない。どうにもならないのであるが、斎藤が一厘の仕組の当事者であることだけは明かしても良いということになるのだろうか。それすらも明快ではないのだが、ともかく新たなステージに入ったようである。

あじまりかん通信は筆者にとっての現実を語るものなので、そういうことも起こりうる。

むしろそういうことばかりというのが実態である。現在では、「読者の皆さんを振り回して申し訳ない」と思っている。さらにその先があるので、続きのお話を聞いていただきたい。

まさかのアジマリカン復活!!

少なくとも（2023年）11月中は、筆者は「あじまりかん友の会の活動やあじまりかん通信の発行を行わなくなる」と感じていた。ところが、『あじまりかん通信第37号』（本書では前章）を執筆しているうちに、次の内面的な変化がやってきた。

実を言えば、「あじまりかん友の会」を始めた頃、妻がホワイトボードに「アジマリカン」の文字を書いたのだが、一度も消したことがなかったのだ。その文字を筆者は前述の事情から11月中に消してしまった。

「もうあからさまにアジマリカンを唱えることもない」と思ったから、家の中の「あじまりかん」「アジマリカン」の文字を消したのだ。

筆者は常々「自分はあじまりかん行者だ」と公言しているから、「あじまりかん行者をやめなければならないのか?」と思ったりもした。

まさか、「あじまりかん」を念じることもいけないわけではあるまい。

「あじまりかん」を念じることは習慣になっているから、自然に心の中で「あじまりかん」を思ってしまうではないか!!

一旦心身の習慣になった「あじまりかんを念じること」はやめられない。いつの間にか「あじまりかん」を心の中で唱えている自分を発見するのだ。それも一日のうちに何回も……。

行為としては「あじまりかん」をやめようとしたが、やめられるものではないのだ。体調が悪い時には特に「あじまりかん」を念じてしまう。

結局、「あじまりかん」は全く止められなかったのである。むしろ、アジマリカン三昧《ざんまい》の生活になってしまったのだ。

その事実で分かったのは「《あじまりかん》は実に頼りになる呪文」だという事実だ。艮の金神が去って不安定になりがちな筆者の励ましともなり慰めともなってくれる「頼りがいのある友人のような存在」。それが大神呪アジマリカンだったのである。

11月中に、ホワイトボードに書いた「アジマリカン」の文字を消したが、12月中には再度赤マジックで「アジマリカン」と書き込んだ。筆者内部のアジマリカンが（元通りかど

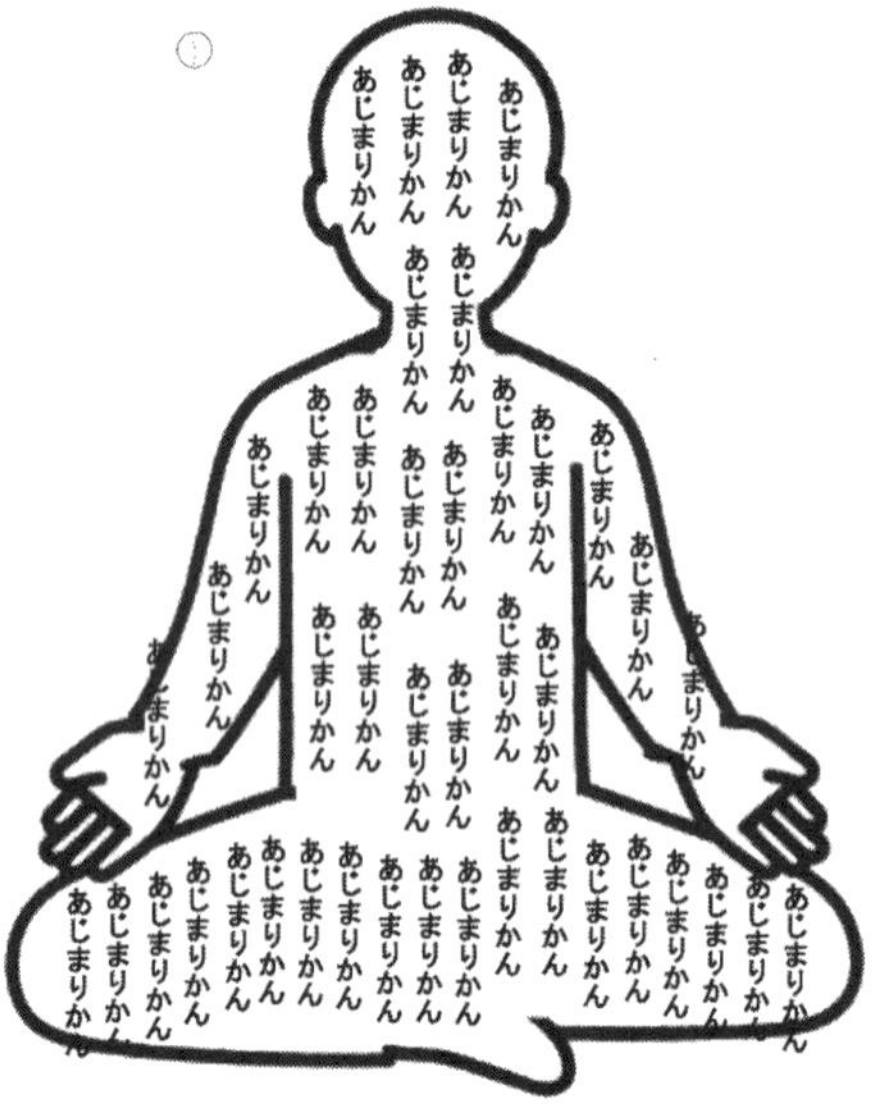

身体内に〝あじまりかん〟の音が一杯詰まっている（体中の神＝あじまりかんは増減する）。神は〝あじまりかん〟という音と化して人類の目指すべき道を指し示す。

うかは今のところ不明だが）復活した瞬間である。

　筆者は再び、あじまりかん行者として生きてゆくことになった。「あじまりかん＝神」が自分の友達である。現在（12月中旬）では、「あじまりかん行者を続けて良い」と感じるようになった。自身の身分を変えることはないので、これはこれで嬉しいことである。

　また、ありがたいことに12月に入ってからは、身体が元の状態に戻ってきた。先に「今まで数年間筆者の体中で鳴り響いていた『あじまりかん』の音がなくなった」と書いたが、その状態も次第に変化してきた。12月末の現在では、体内のアジマリカンの音が戻って来ているのだ。

　筆者にとっては、体内で響いているアジマリカンの声なき声が神の分量を示すバロメータになっており、メータが上がってきている状態と言える。

何だか不思議なことになっているのである。身体の中の神がなくなったと思ったら、いつの間にか増えてきた。神はたっぷりとあった方が良い(^0^)。

筆者は既に七十歳を迎え、年寄りの仲間入りをしたことになる。それでも、少しずつこの種の霊的体験を積み重ねているのだ。

このように神というものは粒々《つぶつぶ》のみ霊で、粒々の数は増えたり減ったりする。昔、川面《かわつら》凡児《ぼんじ》の本でそういう絵を見た記憶がある。当時の筆者は「何だこりゃ、変なの!?」と思ったのだが、一面の真実だったようだ。筆者がアジマリカンを念じながら感じていることは、とても古神道的なものらしい……。

神の存在を証明して全人類に神を体感してもらうには……。第一原因、すべてのすべて、創造原理、……。言い方は色々あるが、この地球上の誰であっても言葉で神を説明しきることはできない。

だが、神を確実に知るただ一つの道が残されている。アジマリカンという日本語の呪文はただの呪文ではない。アジマリカンという音・響きが神の顕現なのだ。この意味は体験した人にしか分からないものなのだが、アジマリカンの音が鳴っている状態自体が神の臨在である。これが神から人類への秘伝である。

アムリタ体験とは何か⁉

いきなりの話題だが、「アムリタ」という言葉をご存じだろうか。筆者は二十代にヨガに凝《こ》ったことがある。インド哲学関係の本を読んで、そういう特別な飲み物があることを知っていた。ヨガ行者のラーマクリシュナの伝記を読まれた方であれば、アムリタというのは「神と合一して酔っ払ったような状態」であるということが何となく分かるはずだ。

２０２３年12月25日のことである。筆者も、そのアムリタを飲んだのだ。

アムリタとは、『世界百科大事典』に次のように書かれた神の飲み物の名称である。

「古代のインド、中国の伝承の霊薬。インドでは、もとサンスクリットの amṛta《アムリタ》 で〝死なない〟ことを意味することばであるが、インド最古の古典〝リグ・ベーダ〟では転じて不死なること、神を意味し、そこから神々の食物や飲料をも意味するようになった」

今回初めてアムリタを味わうという体験をしたのだが、この体験は霊的な味覚によって起きたもので、その意味を後から考えることになった。

あくまでも斎藤本人の解釈だが、筆者のアムリタ体験は一厘の仕組が完成した結果として起きたものだと感じる。この世では全く味わうことのできない、えも言われぬような飲み物を味わったのは、「アジマリカンという音・響きが神の顕現」であることの証明である。そういう思いが湧いてきたのだ。

これ以上にうまくアムリタ体験を伝える言葉がないのだが、文字通り「神を味わった」と言えばよいだろうか。一時間ぐらいでアムリタの味覚は薄れてしまったのだが、その余韻は今でも残っており、完全に消えたわけではない。

シュリー・ラーマクリシュナ。インドには神との合一（ヨーガ）の歴史がある。

アムリタの味は我を忘れるほど甘美なもので、そのままでは濃厚すぎて肉体の存在を忘れてしまうほどのものだ。だから、すぐに消えた方が身のためである。

筆者も今では、インドの聖者ラーマクリシュナの「神と合一して酔っ払ったような状態」というものが、体験として分かるようになったのである。

実際のところ、アムリタは一回味わえば十分なもので、消えてくれた方がありがたい。ラーマクリシュナのように、アムリタを絶えず味わっている状態（＝強烈な不死の感覚で陶酔感を伴うのでアブナイ）が続くと、こんな文章など書く気が失せてしまうのである。

筆者には、人生を通じて肝心な時に何か特殊な霊的体験をするという癖《へき》がある。思うに「一厘の仕組完成告知体験」と「アムリタ体験」はそういう特殊な霊的体験であって、両体験は合わせて一組と捉えるべきものだと認識する。

２０１５年に初めてアジマリカンを唱えた時に、「これが一厘の仕組だ」という直観があり、その直観を疑うことなくここまでやってきたのだが、今回は神の側から念押しとねぎらいがあったように感じている。神からの念押しとは「一厘の仕組完成告知体験」、神からのねぎらいとは「アムリタ体験」である。

筆者の仕事は99％が霊的な性質なので、参考資料は皆無である。つまり一厘の仕組の教科書はない。そのため、過去の自分の経験や知識を総動員して判定を下すしかない。筆者の体験の意味が分かる人は周囲にはいないので、自分で判定するしかないのだ。

だが、筆者の体験がどんなに伝えにくいものであっても、私の中には「アジマリカン体験をはじめとする自分の体験は人類にとって極めて重要」という否定しようのない認識が存在しており、神から、その都度《つど》与えられる体験をヒントにして、この仕事を進めてゆくしかないのだ。
（神が）筆者に与えるヒントは一個ずつ小出しである。また、その一個ずつの体験も、その意味を理解するまでは次のステップに進むことができず足踏みとなる。一厘の仕組はそのように進められてきた。

DSアメリカ消滅の続報と参政党の行《ゆ》く末《すえ》について

『あじまりかん通信第36号』の編集後記で筆者は次のように、アメリカという国家が既になくなったかのようなことを書いた。

最近分かった最大の事実は「アメリカの滅亡が確定された」ということです。事情通のレポーターは何年も前から「アメリカは早晩滅亡する」と報じていました（山中泉『アメリカの終わり』、『アメリカの崩壊』方丈社）。

現在アメリカでは「トランプが来年の大統領選挙に出れば確実に当選する」などという話題が飛び交っています。「トランプが、滅亡したアメリカの大統領になる」という命題

越境3.0チャンネルで「アメリカが今、内戦直前で非常にヤバイ」と語るマックス氏と石田和晴氏。日本のTVでは一切放送されないアメリカの内状が伝わってくる

そのものが今やナンセンスなのです。アメリカは分裂し内戦間近な状態になっています。ひどいものです。前世紀までの良きアメリカの面影は消えてしまいました。

最近、馬渕睦夫元駐ウクライナ大使の最新著作『2024年世界の真実』（WAC）を読んだ。同著は素晴らしい作品で氏のライフワークに相応しい内容だった。しかし、一点気になったことがある。氏は「トランプがDSとの最終戦争に勝つ！」と語っていた。筆者もそうなることを心から希望するが、本当にそうなるのだろうか？　筆者は馬渕氏の希望的観測に対して「ちょっとアメリカを信じ過ぎなのではないか」と疑問を感じた。

なぜなら、アメリカを脱出したマックス・フォン・シュラー氏がYouTube動画『【アメリカ崩壊】間もなく内戦に突入する⁉　2024年の米大統領選挙は無くなる可能性が浮上！（マックス×石田和靖）』〈https://www.youtube.com/watch?v=Ym2iYprhCgg&t=12s〉で、「米国内は乱れきって無法国家となっており、2024年の米大統領選挙そのものがなくなる可能性があります」、「法律がなくなるとアメリカがなくなります」と語っていたからだ。

アメリカは滅びに向かっている。トランプが目指す〝良きアメリカの復活〟は可能か⁉　筆者は世界の現状を伝える多くのYouTube番組を見ている。それらの番組でアメリカの現在について感じるのは、アメリカという国が今や民主国家の体を成していないということだ。もっと言えば、アメリカは既に極左独裁国家になってしまった。DSアメリカは北朝鮮や中国よりもひどい国になってしまった。

「来年何が起こるかも分からなくなってきましたね」「（来年起きることは）本当に読みにくいけど悪い」とは、マックスさんの正直な感想であると思った。

マックス氏も石田氏も世界情勢に関しては肌感覚で語れる情報通で、筆者も好感を持っている。特にマックス氏が「アメリカに帰ったらヤバイヤバイ」と、「ヤバイ」を連発していたことが印象に残った。それだけに馬渕氏の「トランプが２０２４年に米国大統領に返り咲いてDSとの最終戦争に勝つ！」発言は甘いのではないかと思ったのである。そうは問屋が卸さないのではないか……。

筆者が以前の号で語った「アメリカの滅亡が確定された」は、少し気が早過ぎる感があるが、どうしてもそういうふうに見えてしまう。日本国内では一切報道されないが、アメリカは本当にヤバイのである。

むしろ、「ロシアの方に希望がある」と感じており、この点に関しては馬渕氏も同様のことを言われているから、筆者としては（滅亡間近の）アメリカではなく、DSと戦う姿勢を鮮明に見せ続けているロシアの方が良く見える。以前も語ったことがあるが、プーチン大統領は神の側にある。彼を通して神が働いているのがよく分かる。日本もロシアを敵としないのが正しい。やがて日本とロシアは神において一つにつながるのは間違いないのだが、岸田首相が消えてからのことになろう。

この段階に至ってもDS一辺倒で日本国民を苦しめ続ける岸田首相に、付ける薬はない。岸田首相には「日本を最も悪くした最悪の首相」という評価が下されるであろうことは間違いない。

YouTuberでもある原口一博議員は「岸田リセット法案」なる「岸田首相時代に可決された法律をすべてなし（＝リセット）にする法案の提出」を公表しているが、日本が助かるにはそれしかないだろう。現在の国会議員の総入れ替えの気運が少しずつ高まっていると思われる。

筆者は当会の活動（とにかく書き続けること）と「あじまりかん」の祈りで、原口氏や山本太郎氏（＝本当のことをはっきり語る政治家たち）を応援し続けようという気持ちで一杯だ。筆者に残されているのは日本再生に向けた「あじまりかん」の祈りのみである。

「本当のことをはっきり語る政治家たち」について語ったついでに、参政党のドタバタ劇について一言。

筆者が見ている動画サイトはYouTubeだけなので、参政党のドタバタ劇に関して、すべての事情を飲み込めているとは言えないし、時間の無駄なので詳しく知りたいとも思わないが、印象だけご報告したい。

原口一博議員は真実を伝える今までで一番まともな政治家。氏には神が入っている

神谷宗幣氏主宰のYouTubeチャンネル「CGS（ChGrandStrategy、「大戦略チャンネル」とでも訳せるか？・）」は講師のレベルが高くて勉強になるので、よく視聴していた（現在も利用している）。

ところが、最近神谷氏の語った「共産党のような独裁方式でいく」には、驚きを通り越して。開いた口が塞《ふさ》がらなかった。神谷氏の目指しているらしい参政党の方向性は、少なくとも一般的国民の政治感覚とはかけ離れたもので、そんな党が一つあったところで、日本という国が良くなるとは全く思えない。代表の神谷氏がこんな調子では、参政党は国民の助けにはならないだろう。このドタバタ劇を見て、筆者は「参政党は終わった」と感じたのだが、参政党はここで軌道修正していただきたいものだ。

今まで国民の味方だと思っていても、神谷氏のように後になって独裁者的な本性を出してくることがあるので、政治家選びには注意深い見極めが必要だ。今回のドタバタ劇は、今後正しい政治家を選ぶさい、貴重な教訓として生かしたいものだ。

神の目から見たアメリカとイスラエル

前章で問題提起した「イスラエル問題」について、日本史と絡めて考察、整理しよう。

筆者にとって「アジマリカン」は、自分自身のイスラエルという本質を知るための一種のスイッチだった。

筆者がアジマリカンを唱え始めたのが２０１５年で、それから2年かけて『アジマリカンの降臨』を執筆した。その時に筆者の中にイスラエルの霊的な実体が風のように吹き込んできた。

その体験の後にだんだんと分かってきたのは、自分が数千年前に「ヤコブ」という人物であって、異星人と相撲を取って負けなかったことにより「イスラエル」という名前を得たということだ。

異星人と相撲を取ったのを夢で見ていたことを思い出すと同時に、前述のイスラエル体験をしたのだ。極めてドラマチックに自分の本質がイスラエルであることを知ったのである。

種明かしをすれば、詳細は『旧約聖書』のヤコブの物語を読むことにより分かったことだ。筆者の前世については、具体的なことを何でも思い出すということはなく、最も重要なポイントだけ気付かされるというものだ。その後は、自分で謎を解かなければならない。

霊的事実から言えば、斎藤という人間がイスラエル（＝『旧約聖書』のヤコブの別名）そのものである。筆者は純然たる日本人（普通の農家の長男）だが、霊的にはイスラエルそのものという人間なのだ。だからユダヤというものは自分の問題として理解できる。

また、イスラエル十支族の主たる構成人員はヤコブの転生に合わせて日本列島に移動した。イスラエルの日本列島への移動は完璧な事実である。いわゆる「消えたイスラエル十支族」問題に対する解答を、筆者は「あじまりかん」を唱えることによって霊的な真実と

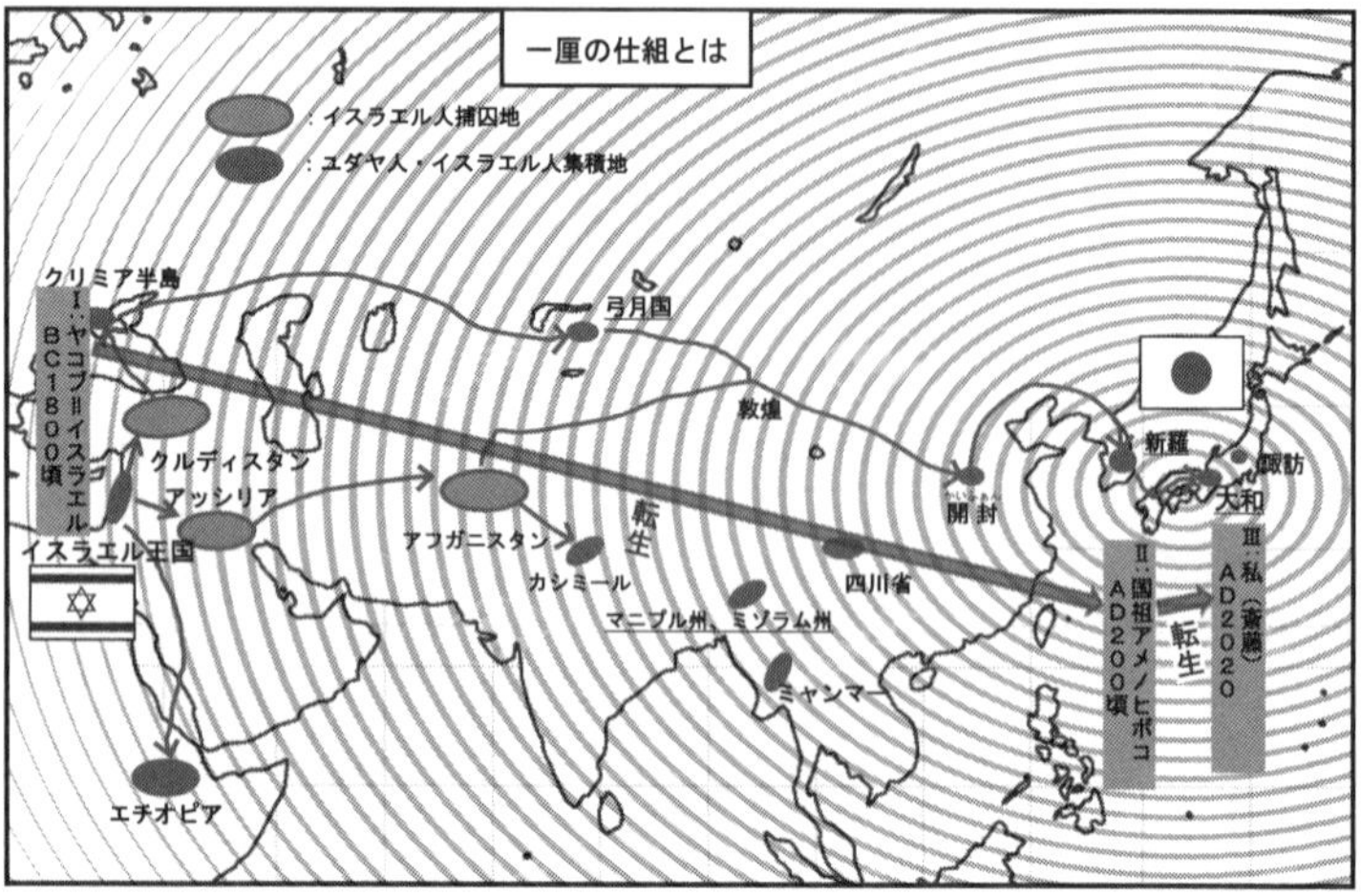

神はイスラエル国を日本へと移動させ、完全に消滅させた。現在のシオニストイスラエル国は神とは無関係の偽物なので、いずれ消えることになる。ユダヤ人には本物も偽物もいるが、いずれにせよ世界は日本一国になってしまうのだから、そのことを認識するだけでよい。アジマリカン（＝真の神）だけがユダヤを救えるのだ

して体感したのだ。

どのように考えても、イスラエルという国はあってはならないものである。もっとハッキリ言えば、アジマリカン（＝一厘の仕組）によって、中東に存在するイスラエルという国は消滅させられる。

筆者から見れば、日本こそが真のイスラエルである。イスラエルは日本という国に同化し消え去ったのだ。ここまで言い切っているのは世界でも筆者だけなのだが、この認識は絶対的に正しい。譲る気はないのである。

「日本こそが真のイスラエル」なので、中東のイスラエルという国は要らない。神の目から見た時は、イスラエルという国は「我々ユダヤ人こそが神の選民であ

る」という妄執（単なる勘違い）が凝り固まったものでしかない。中東のイスラエルという国そのものが神によって否定されているのだ。

『旧約聖書』はユダヤ人の妄執の書でしかない。ユダヤ人が求めて止まない解答は、日本という奇跡の国が建国されたことによって、とっくに示されているのだ。

筆者がここで語っていることは厳粛な霊的事実であって、中東のイスラエル国は消えるべきだし、それを見境なく支援している戦争大好き国家＝ＤＳアメリカも消えるべきである。

アメリカもイスラエルも神の国には存在していない。筆者が見ている神の国には両国とも存在しないのである。何故ならば、神の国とは日本であり、「日本＝地球」だからである。

「我々ユダヤ人がアメリカを支配している↓世界を支配しているのは我々ユダヤ人だ」というのがユダヤ人の本音であり、アメリカは建国以来ずっとユダヤ人国家でしかないのだ。これは陰謀論でも何でもなく事実であり、こういう人たちには消えてもらうしかないのである。（参考：YouTube『【伊藤貫の真剣な雑談　年末ＳＰ】伊藤貫×水島総「アメリカの偽善主義外交の破綻が露呈した２０２３年!!!」［桜Ｒ５／12／30］』〈https://www.youtube.com/watch?v=LOSWGf3my9w〉）

老婆心ながらユダヤ人に対して助言しておこう。「ユダヤ人であることを即刻やめなさい」と。それで万事解決である。これは筆者の歴史認識から出た宣告なのだが、詳細は他著に譲る（『日本建国の秘密　ヤコブ編』斎藤敏一著、日本建国社）。

今のところ神の国＝蓮華蔵世界の実態「中心帰一」を知る人はわずかである。日本では既に天理教の中山みき教祖がその世界を見ており、お筆先「**今迄は　唐や日本と　ゆうたれど　これから先は　日本ばかりや**」（第五号四一、明治7年頃）を残している。

誰もこのお筆先の重要さを分かっていない。分かったのは谷口雅春（生長の家教祖）と筆者だけである。天理教関係者ですら、このお筆先を読み違えていたようである。弥勒の世という時（現在）が来なければ分からないお筆先なので、仕方のないことではあるが……。

このお筆先は、「地球が日本一国にならない限り世界が平和になることはない」ということを意味しており、特に難しいものではない。これから地球は日本一国となる。

大地震とＪＡＬ機炎上で2024年がスタート!!

前述の「これから地球は日本一国となる」という筆者のビジョンだが、そのビジョンと地球の現状を比較しても違いが大き過ぎて「そんなこと無理だよ」と言われるに決まっている。

だが、筆者のアムリタ体験においては、人類という種は一つで既に神となっている。筆者にはそういう霊的な直接体験があるので、このビジョンが絶対的に正しいと思っているのだ。

YouTubeの動画を見ていると、5ch（旧2チャンネル）系の書き込みを動画化した作品がたくさん出ている。それらの中に、未来から時間を超えて現代にやって来た未来人の話や宇宙人から教えられた話などがある。5chには面白い話が転がっているのだが、どの話も肝心なところ（一番知りたいこと）が分からない。

ネットの発達によって、流通する情報量が増大の一途をたどっており、何とかキャッチアップしようと情報収集に務めているもののまったく追いつかない。情報を追っかけるにも限度があってきりがない。動画を例とすれば、タイトルだけで済ませることが多くなった。物理的に視聴時間が取れないから、仕方がないのである。インターネットに流れるゴミ情報を整理&消去したい、という欲求は高まるばかりだ。

昔と違って、政府やマスコミは真実ではなく偽情報を流し、明らかに国民に敵対する存在となってしまった。政治家も国民の方を向かず、自己利益だけで動いている連中が大部分である。

筆者の場合、このような時代状況は分かり切ったことなので、ネットを見なくとも肌感覚で感じられる。だから、あれもこれもとたくさんの動画を見て情報収集しなくても、時代状況に流されずに生きてゆくことができる。

ただし、である。

氾濫する情報に振り回される必要はないのだが、見逃すことのできない大切な情報も存在する。大切な情報とは、私たちが原点とすべき核となる情報のことだ。我々は何をもってこの弥勒世という乱世を生きてゆけばよいのか??

そういう課題がグルグルと筆者の頭を駆け巡っている折も折、新しい年令和6年を迎え、日本が大きく揺れた。

まさに元日の夕刻、能登半島で震度7の大地震が発生（令和6年能登半島地震）。相模原も揺れたので「これは大地震が起きた」と驚嘆した。

筆者はYouTubeの「みんなのニュース2」チャンネル（地震情報を毎日伝えている）の会員になっていたので、「石川県が危ない」と予感していたが、本当に起きたので驚きも大きかった。同地震で亡くなった方々には心から哀悼の意を表したい。

翌日（1月2日）は羽田空港に到着した日航機が海上保安庁機と衝突、1月3日には、北九州市小倉の魚町銀天街で大火事、等々大きな事件が引き続いている。

「これは昨年末の《一厘の仕組完成》と関係している」という思いが一瞬筆者の頭をよぎったが、先ずは日本から本格的な立て直しが進行するということなのではないか……。

弥勒世の青写真とは

年が明けて日本と世界を見渡してみれば、大地震や大火災、ウクライナ戦争、イスラエル・ハマス戦争など世界の混乱は一向に治まる気配はなく、ますますひどくなっているように思える。

その一方で日本国内を注意深く観察すれば、ひどい事件が続く中で希望の持てる出来事も起きてきている。つまり、悪いことばかり起きているのではなく、未来への希望も確実に見出すことができるようになってきた。本章の締めくくりとして、筆者のビジョン「こういう未来にしたい」を改めて提示しようと思う。できれば希望へとつながる話題も伝えたいが、内容が変化する可能性が高い。

筆者がこういう語り方をする背景には、明確な未来への構想＝設計が横たわっている。希望ある未来を語ろうとしているのは言うまでもないが、設計思想が第一なのだ。これは筆者がソフトウェア技術者として培った経験値がそう言わせるのである。

「弥勒世を正しく設計する」

設計とは青写真＝完成図である。完成図なしでは弥勒世を開いてゆくことはできない。YuouTube動画をたくさん見ているが、視聴者数が多くて人気のあるYouTuberたちもこれが分かっていない。弥勒世の設計がないということは正しいビジョンを持っていないということでしかない。いくら情報が早かろうが、世界情勢（特に危機的側面）をそのまま報告していても、それだけでは「ああ、これからの日本と世界はなんて大変なんだ」ということにしか伝わらず、希望は湧いてこない。

そんなYouTuberが何人いようが、ものの足しにはならない。弥勒世の青写真こそが重要なのだ。筆者の語る弥勒世の青写真を共有する人間が増えなければ、いくら騒いでも弥勒世など見えてこないのである。

弥勒世に必要なものと不要なもの

筆者は前述のようなと思想であじまりかん通信を作っているのだが、理解できる人は極めて少ない。読者はみな自分の観点でしかあじまりかん通信を読まないので、根本的なこと「神とは何か」を理解できないでいるようだ。

弥勒世は神の世であるから、神が世界を治める。つまり、神が分かること＝弥勒世が分かることなのだ。そのため、一見無謀に見えるような「弥勒世＝神の設計書」を提示しているのである。

筆者にとっても「神とは何か」を語ることは極めて難しい。よって、本項は極論に走ることになる。筆者の極論から「神を理解せよ」というのは、かなり無理があることは分かっているが、本項に述べる以上のことを分かりやすく語ろうとすれば、論理が追いつかない。

筆者も大勉強が必要となる。先ずは、以降に述べるメモ程度のものでご容赦いただきたい。

先ず最初に、弥勒世を構築する上で要《い》るものと要らないものを整理する必要がある。次の表を見ていただきたい。

【表：弥勒世に必要なものと不必要なもの】

テーマ	必要	不必要	結果
歴史	本当の日本の歴史	誤った日本の歴史	人類史における日本と天皇の存在理由が明確になる→人類の歴史の中心は日本である
国家	日本国	日本以外の国々	地球的大政奉還＝世界は日本一国になる
神	宗教を超えた神＝物理学には未解明の法則的創造エネルギー＝アジマリカンで降臨する神	一神教の神	神は信仰対象から認識対象へと変化する→宗教とカリスマは不要になる
エネルギー（お金）	フリーエネルギー（最重要）	既存エネルギー	お金が不要な社会になる→DSが消える→世界システムが完全に切り替わる
宇宙人	地球人類	異星人	地球人類がそのまま宇宙人になる

人工知能	主人（人間）に仕える特定機能に限定されたＡＩ	無制限なＡＩ	機械＝ＡＩは出しゃばらず裏方に徹する。アイザック・アシモフのロボット三原則を参照せよ
神器・アーク	永遠の生命	旧約聖書のアーク（聖櫃）や三種の神器	不必要なものは博物館行きとなる

「表：弥勒世に必要なものと不必要なもの」は、総じて地球世界から争いの原因となる要素を排除するという思想に貫かれている。どういうことかと言えば、人類が同表の意味を十分に理解すれば、世界は必ず平和になるということだ。

現在の地球世界には要らないものが多すぎる。人類は大いなる勇断を持って要らないもの（＝文明という名のゴミ）を破棄しなければならないのだ。

豊かさと多様性は肯定されるべきだが、人類が生き残るために必要なものは呆れるぐらい少なくて済んでしまう。現代文明を構成している全要素のうち一割だけが必要で、残りの九割はゴミである。ただし、テクノロジー（特にフリーエネルギー）は必要である。

つまり、現代文明の構成要素の大部分は要らないもの（＝ゴミ）である。「座って半畳寝て一畳」という諺からも分かる通り、先ずは衣食住が満たされるだけで、生きてゆく基盤が保証される。縄文人は間違いなく幸福だったのである。

弥勒世の神は宗教と宗教的カリスマを完全否定する。即ち、ユダヤ教、イスラム教、キリスト教などの一神教は全く不要となる。また、モーゼもキリストも今や人類にとって有害な存在（＝過去の遺物）であるから、乗り越えなければならない。これが最も厳格に適用されるべき要件となる。本要件は日本民族にとってはまったく抵抗のない要件であって、何もしなくてもよいぐらいだ。

一神教の神は弥勒世が開ける邪魔にしかならない。つまり「一神教を作った存在は人間であり本当の神ではなかった」という事実を知るところから弥勒世の建設が開始されるのである。

一神教を作ったのは偽者《にせもの》の神だったという事実を知ることは、一部の人類（＝一神教信者）に対して頭の中身をバラバラにするような経験をもたらす。だが、それを乗り切ることなくして、人類の未来はない。

弥勒世は呆れるほどシンプルな世界になる。御先祖から伝えられた歴史と文化を残し、ゴミの集合である文明を捨てよ。それだけで人類は幸せになることができる。こういう簡単なことが現在の人類には分からないのだ。だから、「ＡＩはすごい」とか「火星に移住しよう」などとアホなことを言っているのだ。

筆者は地上波TVは完全無視だが、楽しみや勉強のために衛星放送だけは見ている。中でもヒストリーチャンネルの番組はよく見ている。

ヒストリーチャンネルの番組『古代の宇宙人』は非常に面白いのだが、問題点がある。同番組では一番大切な神と生命が未解明であることを忘れて、宇宙人のテクノロジーに幻惑されている。

検討すべきは〝神とは何か〟、〝生命とは何か〟である。科学の方法論には〝神（異星人ではない）も生命（DNAではない）も未解明〟という絶対的限界がある。それが我々の科学の現状である。

未だに科学では解明されていないが、神は確かに〝アジマリカン〟の音として降臨している。現在の人類にとって弥勒世の門は極めて小さいが、既に開いている。アジマリカン〟で彼岸に行けるのだ。

そこが分からないと人類は弥勒世からはじき出されてしまう。

同表は不完全だが、筆者が今回初めて龍宮界（＝虚空蔵世界）から取ってきたものだ。今迄の地球世界にはかつて存在したことがなかったもので、誰にも出すことができなかった弥勒世の青写真・兼・処方箋である。気の早い話だが、直観が先なのだ。直観を裏付ける内容は後から出てくるので、その時点で補強する必要がある。

以下、表の各テーマについて補足説明する。

歴史

竹内文献等の古史古伝は実体がないので、もっともらしくても無視しなければならない。実体に基づかない古史古伝が日本史や人類史の基礎となることは絶対にない。また、臨死体験者が語ることは耳半分で聞いておけばよい。臨死体験には個人のフィルターがかかっており、嘘が入っている、例えば「キリストが日本に来たのを見た」という人がいても無視すればよい。

国家

他の国々はすべて日本の一部となるが、日本国の県のようなものとなる。弥勒世にはユダヤは存在しない。つまりユダヤもイスラエルも無用となって消える。これが分からないと弥勒世の正体が分からない。A氏やK氏、雑誌M等は、「日本が中心」とは言わず、日本のユダヤ化を目指していたが、既に失敗した。ユダヤ教とかカバラとかに魅力を感じる方も多いが、弥勒世完成にとってはどうでもよいことなのである。

神

既に多神教の世界（ＢＲＩＣＳ）が始まっている。日本の天皇が世界統合の中心としての役割を果たすようになる。天皇はカリスマでも神でもないが、天皇の神格は肯定される。「過去の宗教的カリスマは歴史として残るだけ」という思想転換が起きる。モーゼやキリストが日本に来たという説は、弥勒世の実現を妨害する説である。イエス（目障り！）等の時代は完全に終わった（裏が表になった）。

天皇が神であると言いたいなら言えばよいが、すべての人間が神なのだから、ことさら言うべきことでもない。そのことと天皇が人類統合の中心となることとは別問題である。これは弥勒世の世界構造の問題であって、天皇はあくまで、地球世界の構造的中心「天皇の座」に着くべき人間としてデザインされているのである。このデザインは神から出たものであるから大切にされるべきだが、天皇は拝んだりする宗教的シンボルであってはない。むしろ、理念として大切にされるべきなのである。

もし神を拝みたかったら、鏡に映った自分自身を拝むべきである。鏡に映った自分を拝み倒して、すべての引っかかりやモヤモヤが晴れれば、そこには神しか存在しない。

エネルギー（お金）

既にフリーエネルギー技術は存在しており、該当する装置も存在する。フリーエネルギー装置のデビューを待つのみの状態。フリーエネルギーなしではお金がなくならず、戦争のない真正の弥勒世にはならない。

宇宙人

異星人が存在するのは事実なので、地球人類が進歩した異星人と対等に付き合うようになる必要はあるが、この事態は人類が覚醒した結果でしかない。つまり、異星人やＵＦＯ技術は弥勒世では当たり前のことだから、大騒ぎするほどのことではない。弥勒世ではスピリチュアル系という言葉は排除される。チャネラー等のカタカナ表現の人が語る未来人や宇宙人のメッセージは実体が伴わず信用できない。自分の頭で考えて自分の言葉で語る物語こそが重要である。

人工知能

無制限なＡＩは人類の尊厳を冒す存在でしかない。これは最初から分かっていたことである。賢いＡＩがもてはやされるのは、神の存在、生命（魂）の実態がまだ分かっていないことによる錯覚でしかない。いくら便利で賢くてもＡＩはただの機械に過ぎない。弥勒世では、神を認識した人間が主人公で、ＡＩは完全に裏方となる。人類の幸福とＡＩは元来無関係であり、現在のＡＩブームは単なる勘違いである。

神器・アーク

旧約聖書のアーク（聖櫃）や三種の神器は弥勒世では無用となる。弥勒世とは人間の本質が永遠の生命（＝神）であることが明らかになる時代なので、形ある神器はその役目を終える。聖櫃は神を知らない人間のために存在していたが、ただのモノであり、探してはならない。もし見つかったら、即博物館に展示すべきである。三種の神器や十種神宝《とくさのかんだから》も同様の扱いとすべき。ＹＫ氏は「天皇が特別な祝詞を唱えて神になる」などと語っていたが、人間は最初から神なので、特別な祝詞などは不要になる。有名人や人気者が語ることは、多くの場合、真理とは無関係である。

幸福な猫は一厘の仕組を知っている

我が家には一匹の猫（名前はミミ）がいる。ミミを観察していると、人間以上の霊智を持っていることが分かってきた。恐らく人類の99％よりも、うちの猫の方が賢くて真理を体得している（本当か⁉）。

愛猫ミミ、神の猫、満18歳

そのように感じるようになったのは昨年中のことで、その発端は、ミミの食事を変えた小さな出来事だった（『あじまりかん通信』第34号『編集後記』参照）。その時以来、ミミはホームセンター「コーナン」で売っているウェットフードを好んで食べるようになり、他のウェットフードには見向きもしないようになった。

それだけだと、単に猫バカ談義でしかないのだが、その時以来、ミミが色々と大切なことを筆者に教えてくれるようになった。おそらくテレパシーなのだと思うが、筆者に「吉祥」つまり、「良いことが起きるよ」ということを伝えてくれるようになった。

ミミが伝えてきている「吉祥」とは何かと考えていたら、「一厘の仕組完成」という言葉が浮かんできた。つまり、うちの猫は筆者に霊感を吹き込む神の猫だったというわけだ。

筆者の表面意識では分からないことを、うちの猫はちゃんと体感的に予知して、行動を通じて訴えていたのだ。

猫は猫以上でもないし猫以下でもない。それでも、猫は人間の友として、一番大切なことはちゃんと分かっており、しっかりと身振りや鳴き声やテレパシーで、「お腹が減った」、「トイレが汚いよ」、「何か良いことがあるよ」などと、伝えてくるのである。

うちの猫は神様ごとが分かるようだ。２０２３年の5月、飼い主よりも早く「今年は一厘の仕組が完成するのでとてもおめでたい」と吉祥を伝えてくれていた。

大峯山回峰行者・福音法印による「吉祥」のメッセージは、前世の筆者が今生の筆者に宛てたものだった。さらに「普照」や『福音法印』という名前の意味だが、「福音」とは幸福の音「あじまりかん」、「法印（＝山伏《やまぶし》・修験者）」とは「あじまりかん」という法（真理）、「普照」とは世界を遍《あまね》く照らすということ。

これらの名前は「アジマリカンの法は人類をあまねく救済する」と宣言したものであっ

た。映画『マトリックス』の世界から人類が抜け出すには、最終兵器アジマリカンを使えばよい（宇宙戦艦ヤマトの波動砲のように言霊の力を放出するイメージ）。

「表：弥勒世に必要なものと不必要なもの」は神が人類に与える最後の法（真理）である。要は人類が創り上げてきた文明という便利で厄介なものを整理してしまえということである。

〝アジマリカン！〟と唱えた時に降臨する神を〝これが神だ〟と認識した瞬間に人類は覚醒する。

この宣言は、「実際に人類全員がアジマリカンを唱える」と固定的に解釈する必要はない。ただ、この宣言に相当する人類の目覚めが神の予定調和世界では既に起きてしまった、という意味である。筆者の霊覚では、そのようにしか感じられない。人類が弥勒世を迎えたのは既定事実なのだ。

斎藤がアジマリカンを唱えて分かったのは、そういう超ハッピーなことだったのである。

第五章

日本は燎原《りょうげん》の火のように燃え立つ

執筆期間：二〇二四年二月十六日〜四月十五日

弥勒世を完成させるには

弥勒世の正念場とでもいうべき転換点がやってきている。先ずそのことを頭に入れておいていただきたい。

今やネット社会なので、様々な情報はネットを見れば否応なく飛び込んでくるが、目に付くのは、「悪い奴（例：岸田総理大臣、日本政府→売国奴たち）がまた増税しようとしている」とか「2025年7月に日本が消えてしまうような大災変が起きる」といった情報である。他には、ババ・ヴァンガ、ベラ・コチェフスカの予言、未来人の予言、宇宙人の予言、エドガー・ケイシーの予言などの予言ものが流行っている。

筆者のYouTubeメニューに表示される、ある日のタイトル（政治経済の話題も含む）を拾ってみよう。

・2025年7月、やはり大地震…（絵本作家のぶみチャンネル）
・カネの出所は？　岸田総理「秘書官」の「銀座高級クラブ通い」（新潮）そんなにしょ

っちゅう遊んでいる暇がどこにあるのか？　2024／2／23（原口一博チャンネル）
・2025年、隕石が地球に衝突する⁉【予言】
・2025年問題を宇宙からどうみてるのか聞いてみた。未来の話（Happiness エミえみちゃんねる）
・【RusNews 解説】忍び寄る全体主義の波～一人の男に動揺する欧米英‼（ニキータ伝～ロシアの手ほどき）
・【ゆっくり解説】2025年7月巨大隕石がフィリピン海に衝突⁉　NASAや中国は既に対策を講じていた⁉　太陽嵐がホピ族第四の予言を呼び覚ます⁉　この地球は何者かに守られていた⁉【都市伝説】（闇世界の未解決ミステリー【ゆっくり解説】）
・【深田萌絵さんと緊急対談】日本を売り渡すものは何か？（その1）（原口一博チャンネル）
・【80年間】あの国が日本を恐れている本当の理由（おみそちゃんねる【世界どん深闇ニュース】）
・【予言】国内で地震と噴火が同時発生…高的中率の予言者松原照子の予言がヤバすぎる【松原照子】【ゆっくり解説】（ゆっくり予言解説）

このように予言動画の花盛りである。予言ものが多過ぎる、という印象である。それだけ我々の置かれた時代の闇が深いせいだろう。また、正月の能登半島地震のショックが大きかったので、日本の雰囲気そのものが不安に満ちたものとなっていると感じられる。

筆者はこれらの動画を見ながらも、一つ残念だと思うことがある。動画には弥勒世のビジョンがほとんど含まれていないからである。

〝ビジョン〟とは「これこれこういう未来を創りたい」という意思である。今の世の中がどのように悪いのか、どんな問題があるのか分かっても、それだけではビジョンは生まれない。また、未来がどうなるのか心配しても、未来を知りたくて予言を調べてもビジョンは生まれない。

もちろんビジョンのある動画もある。例えば、原口一博衆議院議員は「国民の方を向いた政治」を目指した発言が多いし、越境3・0チャンネルの石田和靖氏は「各国要人との水平的個人関係を構築し様々なプロジェクトを企画・主催する」という明確なビジョンのもとに活動されている。

ところが予言系の動画は、その大部分が「いつどこで大災害が起きる」とか「だれそれがこんな未来を予言しており怖い」などというものだ。こういう予言紹介動画は「こんな予言あったけど知らなかったでしょう（私は物識りだ）」的なものが多いので、正直食傷気味である。知識を単に紹介するだけの動画には愛もないし希望もない。「みんなを助けたい」という気持ちもあまり伝わってこない。

筆者が「弥勒世のビジョンが大切」と強調するのは、意思を伴うビジョンが想像力＝創造力の元であり、そこからしか未来は創られないからだ。弥勒世になったことを語る方はチラホラ登場しているが、弥勒世の具体的ビジョンを語る方はまだ少ない。正確に言えば、大人ではなく子供たちが「胎内記憶」として既に弥勒世のビジョンを語っているようだ。

子供たちの胎内記憶は弥勒世のビジョンを伝えている

絵本作家のぶみ氏

YouTubeでとても面白い話を聞いた。〝胎内記憶研究家〟という方がおられることを今回初めて知った。

胎内記憶研究家・池川明先生についてご紹介したい（『胎内記憶研究家池川明2025預言』〈https://www.youtube.com/watch?v=f6nrMIB0NqU〉、『胎内記憶研究家池川明2025預言2』〈https://www.youtube.com/watch?v=Vk_QeTuKW-Y〉）。

前掲動画内では絵本作家のぶみ氏が池上先生にインタビューしている。

池川先生によれば、誕生後にしゃべり始めた子供たちは「胎内記憶」を語ることが多いそうだ。子供たちが語る胎内記憶とは前世を含む生まれる前の記憶で、産婦人科の臨床経験の中で自然に集まった情報である。胎内という言葉の通り、胎児が母胎内で保持してきたもので、母親という存在が重要なファクターとなっている。動画内では以下のような記憶が語られていた。

池上明医学博士

★2018年以降「地球は大丈夫だよ」と言っている子が増えてきた。
・子供たちは「日本と地球を良くしたい」と思って生まれてきた。
・雲の上の白い髭のお爺さん（神さま＝守護霊・守護神、個性的な女神もいる）の存在を語る
・「自分がお母さんを選んで生まれてきた」と語る例が多い。
・子供たちはテレパシーで示し合わせて生まれてきている。
・「宇宙から地球に生まれてきた」、「地球を救いにきた」、「宇宙を救いにきた」と言う子

供が増えた。

・自分がやりたいことをやって楽しく生きることで他の人を助けることができる。

・子供たちが元いた星は生物の多様性が少なく、地上に住めないので地下に住んでいる（一例）。

日本列島は龍神島（矢印はあじまりかんの渦）

・子供たちが元いた星は帝国主義的な星だったが、地球は自由で豊かな星だ（一例）。

・かつてプレアデスは地球のような豊かな星だったが滅びてしまった（一例）。

★大宇宙の中では天の川銀河が一番で、さらに地球が聖地で、地球でも龍神島（日本列島）が最高の聖地だ。

★日本に生まれるのは狭き門で、選ばれた人だけが生まれてくることができる。

以上は筆者の興味のままにピックアップした情報である。〝★〟の付いた情報が特に重要と感じるものだ。

一般的な情報は、『胎内記憶図鑑』（のぶみ著、池川明監修、講談社）という絵本を参照されたい。同作品の中で池上氏も産婦人科医としての驚嘆するような体験を語っている。

動画の中で特に印象に残ったのは、前世が宇宙起源（最近では他の惑星から転生した子供が半分ぐらいいるらしい）の子供たちが日本について語るところだ。

私たちの住む銀河が大宇宙の中でも特に神聖な星雲であって、その銀河の中でも地球が最高の聖なる惑星だという。さらにその先があって「龍神島＝日本列島は本来人間が入り込めない禁足地（神さま専用）で、特別に神聖な島々だ」と、複数の子供たちが語る。

私たちは何気なく日本に住んでいて、特に日本の大地に感謝することもなくなっているかもしれない。だが、宇宙起源の子供たちが語る認識としては、日本はまさに神の国、神国中の神国なのである。

宇宙の色々な星から地球に転生してきた子供たちの認識と、筆者の認識と共通するところがある。「第二章　Ωデイと宇宙人」で、筆者の宇宙に関する認識状態を次のように書いた。


筆者が異星人やＵＦＯに関して特別な関心を持つようになったのはここ二、三年のことだ。ある日突然、宇宙が賑やかであることに気付いてしまい、「何だか宇宙が賑わっているなあ」と思い続けていた。安眠できないぐらい地球周辺が賑やかなことに気付いたのだ。

これは筆者の意識がいつの間にか天の川銀河領域まで広がっていたためでもあるが、理屈ではなく体感的なものだ。異星人が一杯地球に来ていることが感覚的に分かってしまうのだ。

胎内記憶は少年期を迎えると忘れてしまうものらしい。また子供は、胎内記憶を聞いてくれる人がいることで語り始めるものだという。周りの大人に受け入れる余地がなければ、子供は決して胎内記憶を語ることはない（仮に語ったとしても無意味なものとしか扱われない）。

筆者に胎内記憶があったかどうかは不明だが、一度夢で自分が生まれる直前らしい場面を見たことはある。夜空に煌《きら》めく星々が自分を祝福してくれていた風《ふう》の夢である。この夢が生まれる直前の場面だとすれば、ひょっとしたら胎内記憶だったのかもしれない。

私見では、元々日本は地球という惑星を意味している。そういう神聖な国に住んでいる私たちは、この日本列島の大地に改めて感謝を捧げたいものだ。

〝2025年7月予言〟について

「日本列島の大地に感謝を捧げたい」と言いつつも、日本は地震大国である。今、日本列島の大地は大いに揺れている。ネット上には多くの地震関連情報がアップされているし、ＳＮＳでもしばしば話題として取り上げられている。

最近では、地震を体感することが多くなっているので、慣れっこになってしまった感がある。今年は特に地震が多いので普段から気を付けたい。

筆者は約三年前にネット検索中に、たつき涼氏の漫画『私が見た未来』（飛鳥新社）を入手して読んだ。同作品は東日本大震災当時、「３・11を予知していた」と話題になっていたものの改訂版である。

当時は「２０２５年７月はまだ先の話だ」という程度の感想を持っただけだったが、昨年末から今年にかけて、今度はYouTube動画で「２０２５年７月はヤバイ」という噂が飛び交うようになった（例：【予言】２０２５年７月に大災厄

が起きる。50万部突破した「私が見た未来」完全版に新たに追記された日本の未来。〈https://www.youtube.com/watch?v=yezD-3y3XMM〉。

ネット上では大騒ぎしているが、こういう予言は当たったためしはない。予言とは意識すればするほど外れるものらしい。今までにも、1999年問題、2000年問題、2012年問題と色々あったが、どれも外れてしまったではないか。

「みんなのニュース2」を毎日見ていると、どの辺りが危ないのか何となく分かってくる。語るのはレッサー先生

2025年7月よりも、胎内記憶を持つ子供たちが語った、いたってまっとうなメッセージ「**自分がやりたいことをやって楽しく生きる**」ことが大切である。そういう人が増えれば増えるほど未来は明るくなる。それは間違いのないことだ。「一所懸命自分の仕事をやっていこう」ということである。

地震・災害に限って言えば、「**備えだけは忘れずに**」である。筆者はYouTube「みんなのニュース2」チャンネル〈https://www.youtube.com/@minnanonews2〉のメンバーで、いつも日本と世界の地震の動向を情報として取り込んでいるが、**地震について学ぶことが生き残りにつながる**

２月14日の桜島が5000mの噴煙を噴き上げた。
国常立大神のお働きである

から動画を見ているのだ。地震に備えることだけは怠らない生き方が、生存の確率を上げる。この時代、備えは常に必要だと思う。

重要なのは今どうなっているかである。その意味で、前掲の「２０２５年７月」は忘れてもよい。

むしろ、現在の地震活動を毎日伝えてくれる「みんなのニュース２」の方がためになる。レッサー先生が毎日、日本だけでなく世界の地震情報を過去の情報も含めて教えてくれるので、だんだん、地殻の動きが分かってくるのだ。だから興味深いのである。

これは一つの見方だが、正月の能登半島地震を皮切りとした地殻変動は、昨年末の一厘の仕組完成の結果として世に出られた、地球神＝国常立大神のお働きが本格化したことを意味しているのではないか。

筆者は本年正月の午後４時過ぎ、相模原も能登半島地震の揺れを感じた時、「いよいよ国常立命による本格的な立て替え立て直しが始まった」と感じたのだが、皆さんはどのように感じられたであろうか。

昨年の10月19日に「一厘の仕組完成」のメッセージを受けてからの年末年始は、筆者が生まれて以来最もきつい二ヶ月間だった。私の場合、やっとのことで家事や執筆をこなせる状態が二ヶ月間続いた。筆者だけでなく家族全員が体調を崩し、風邪を引いたような状態になった。

国常立大神は「遠慮なくやる」ということだ。そうなると、大神のお働きとしての浄化作用はどんどん起きてくると考えられる。筆者は年頭に直観したのだが、「先ずは世界の親国である日本から浄化する」ということで、能登半島地震や日航機衝突事故が起きた。これは神戸の知人M氏とも確認し合ったことである。

そういう意味で、地震は別にして、今年は色々なことが起きてくる。もちろん良いことも起きるだろうが、政界やマスメディアの再編が急速に進むといった事態も起きてくる。

世の中はどんどん変化してゆく。次に述べる「プーチン大統領インタビュー」も一厘の仕組が完成したからこそ実現した出来事だと考えられる。

プーチン大統領インタビューに思う

2月7日、ＦＯＸニュースの元看板司会者タッカー・カールソン氏は、モスクワ滞在中にロシアのウラジミール・プーチン大統領に、約2時間かけてインタビューを行った。

プーチン大統領は皆さんご存じだろう。インタビュアーのタッカー・カールソン氏は、アメリカの保守派政治コメンテーターである。

氏は２０１６年11月14日から２０２３年4月24日まで、ＦＯＸニュースの政治トーク番組『タッカー・カールソン・トゥナイト』で司会を務めた。昨年にＦＯＸニュースの出演契約を一方的に破棄され、それ以降はフリーとなって、自身のウェブサイトやＳＮＳのＸ（Tucker On X）で情報発信を続けていた。

二人のやり取りを見ていて最初に気が付いたのは、プーチン大統領の知性の高さ・懐の深さとタッカー・カールソン氏の熱意や誠実さであった。さらに、**宗派が違っていても二人とも敬虔なクリスチャンで、神への畏敬の念を持っている**、という事実であった。プーチン氏の最後の発言「（ロシア正教・ウクライナ正教という信仰の元で）**ロシアとウクラ**

イナの魂は一つに統合されている」には感銘を受けた。
その感銘の後で思わず、「私たち日本人の信仰的アイデンティティーについて、一体何人の政治家が自分の言葉で語れるのだろうか」と考えざるを得なかった。筆者は衆議院議員・原口一博氏しか知らない（他にもおられるかもしれないが……）。

プーチン大統領にインタビュー中のタッカー・カールソン

このインタビューの結果としてもたらされた一番大きな成果は、プーチン大統領の考え方・思想が、有無を言わさないメッセージとして西側（＝ディープステート、戦争屋、ネオコン、追随するマスメディア）に知らされ、公的になったこと、人類に共有されたことである。

これで西側メディアもこのインタビューがあったという出来事を事あるごとに意識せざるを得なくなった。世界は良い方向に変わってゆく（ディープステートはなくなる）大事件だったということになるであろう。

インタビューは2時間にわたる長いものだったが、今や世界中で翻訳されて何億回も視聴されている。今年は反グローバリズムが大きな潮流となって、グローバリズム（＝ディープステート）勢力が消滅する元年となるだろう。

以下、日本人用に、参考となるYouTube動画を挙げる（検索すれば他にも一杯出てくる）。

MindBuzz JPが全体を日本語化『タッカー・カールソンとウラジーミル・プーチン、ロシア連邦大統領インタビュー―Tucker Carlson Interviews Vladimir Putin』〈https://www.youtube.com/watch?v=zneaXFJBpGs〉

原口一博議員『【プーチン大統領のタッカー・カールソン氏インタビューを読み解く】（カズカズ対談）越境3・0石田和靖さんと。』〈https://www.youtube.com/watch?v=7mN7flbkqTk〉

越境3・0チャンネル『【マスコミの嘘】〝タッカーカールソン×プーチン2時間独占インタビュー〟は世界の歴史的な転換点となる⁉（原口一博×石田和靖）』〈https://www.youtube.com/watch?v=DxtRuFxwPq8〉

SaneVox Japanese『バイデン、プーチンの交渉提案を拒否。ネオコン、カールソンのインタビューに激怒』〈https://www.youtube.com/watch?v=WjAi6Hr4gwY〉

このインタビュー動画は、世界中で十数億回再生されたという。それくらい、世界中の人々がプーチン大統領が何を語るか知りたかったということだ。

後からプーチン大統領とタッカー・カールソン氏の間で交わされた内容を思い出してみると、プーチン大統領は自分に都合の悪いことは語ってはいないから、カールソン氏は大統領の術中に嵌まってしまったという感もある。

例えば、プーチン大統領は明らかに独裁者であり、反対者に対しては容赦のない罰を与えたりしているわけだが、そういう鋭い質問はなかった。カールソン氏の突っ込み不足ではなかったか……。

2月16日という（絶妙の）タイミングで、アレクセイ・ナワリヌイ氏（プーチン政権批判の急先鋒で北極圏の刑務所に収監されていた）が突然死を遂げた。反プーチン派の人々は「プーチンの責任だ」と大々的に取り上げ、プーチン大統領批判の大合唱となった。

色々と調べてみると、殺された可能性も高いようだが、殺したのはＤＳ側の意志のように思われた。

奥さんや母親の登場、彼の死を悼む人々の紹介等、あまりにも整った報道のあり方が「人工的」、「演出」を感じさせるもので、反プーチン効果を狙ったキャンペーンのように感じられた。プーチン大統領の直接的関与はあり得ないことだが、プーチン大統領の気持ちとしては「余り触れられたくない出来事」だったに違いない。

昨年ロシアを訪問した参議院議員・鈴木宗男氏は「プーチン大統領と関係付けて語るべき事柄ではない」と語っている。ここまで検討してきて、筆者はプーチン大統領を信じ続けることにした。色々な情報が入ってきて簡単には判断できないが、筆者としてはプーチン大統領が好きであることを明記しておきたい。プーチン大統領にはまだまだ頑張ってほしいと思う。

事後談であるが、プーチン大統領がロシア国内で同会見の感想を求められた時、「(突っ込んだ話ができなくて)つまらなかった」という本音を漏らしたらしい(調査報道 河添《かわそえ》恵子TV主宰者の談)。筆者が同インタビュー録画を見た時に何となく「もの足りない」と思ったが、そういう裏事情もあったとすれば納得である。それにしても、タッカー・カールソン氏の果敢なインタビューは素晴らしいチャレンジであった。氏の勇気こそが讃えるられるべきであろう。

アメリカの崩壊（!?）と日本への影響

会報を作る上で問題となるのは〝世の中の変化が激し過ぎる〟ということだ。筆者はYouTube動画やネット情報を日々参照しながら本誌を執筆しているが、あたかも日記を書くように作っていくしかない。

そういう執筆方法だと、書いた時から一、二週間すると書き直したくなってしまうような事態が発生するのだ。日本国内についても世界についても変化が著しく、飛び込んでくる様々な情報を反映するしかない。そういうことが必ず起こるのだ。

だが、気を取り直して、そういう個人的事情は脇に置いて、本題に入っていこう。

弥勒世の坂を登る正念場はまだ数年残っているが、その過程で〝アメリカの崩壊〟という出来事が大きく日本に影響する。情報通（実際にアメリカ国内の状況を見て知悉している人物）の話を総合すれば、「アメリカは後戻りの不可能な崩壊（内戦間近）が起きており、アメリカという国そのものがなくなる」という危機的な状況に置かれている。

以前から繰り返し言ってきたことだが、筆者の弥勒世のビジョン内には我々が今まで知っていたアメリカという国は存在しない。早晩、アメリカという国が消えてしまうのだ。

元アメリカ海兵隊所属で日本在住のマックス・フォン・シュラー氏（通称マックスさん）が、氏の最近刊『アメリカ人が語る　内戦で崩壊するアメリカ』（ハート出版、２０２４／02／06）で語る話に耳を傾けてみよう。

最近、YouTubeの越境３・０チャンネル（石田和靖氏主催）でマックスさんの顔をしばしば見るようになった。マックスさんは米国元海兵隊員で現在日本在住のYouTuberである。越境３・０チャンネルの番組で石田和靖氏（ホスト）とマックスさん（ゲスト）が、声をそろえて〝越境３・０《さんてんれい》〟と吠えるのだが、マックスさんの声は石田氏の10倍ぐらい大きく聞こえる。ものすごい声量だ。そういう優しい白熊（失礼）というイメージのマックスさんだが、筆者はなぜかマックスさんが好きで、マックスさんの登場回は必ず見るようにしている。

筆者のマックスさんに対する印象は「マックスさんは日本人以上に日本人だなぁ」とい

うものだ。氏は心から日本を愛していることが氏の姿や声から伝わってくる。そういうマックスさんの言うことには耳を傾けたいと思わせるものがある。

昨年筆者が表明した直観「アメリカはなくなる」は少し言い過ぎだったかもしれないという思いもある。だが、トランプ元大統領が今年、大統領選挙で大統領に返り咲いたとしても、「アメリカが元通りになることはない」という感覚は以前と変わらない。前掲著の帯やカバーに、現在のマックスさんから日本への、次のような忌憚《きたん》のないメッセージが書かれている。

マックスよくわかる！　元海兵隊員がアメリカの崩壊を予見！
不正選挙、嘘の裁判、無警察状態、不法移民
すでに分断を超え、一触即発
日米同盟に頼る日本
アメリカの危機＝日本の危機
アメリカが内戦に向かいつつあることは、世界の国々にとって明白になっています。
現在、軍で白人男性を昇進させず、代わりに女性や人種的マイノリティー、トランスジェンダーを昇進させるという左派の政策のせいで、多くの白人男性が軍を去ってい

ます。（本文より）

これだけで現在のアメリカが置かれた危機的状態が要約されているが、マックスさんの日本に対する理解や思いはどんなものか書き留めておこう。以下に紹介することは、我々日本人にとっても、しっかり復唱・反芻《はんすう》すべき重大な内容を含んでいる。

私は、このような文章を書きながらも、パスポートはまだアメリカです。しかし、私の心の中で、日本の天皇陛下は私の天皇陛下です。

国には中心点が必要です。しかしアメリカは、過度に多様性を推進したために、民族、性別、性的アイデンティティなど、多くのグループを作り出しました。その結果、彼らは自分たちをアメリカ人と考えていません。

日本はかつて、李氏朝鮮や台湾の併合を、正しいやり方で行いました。それは、天皇陛下のもとで平等な国民を創るということでした。（傍点は筆者）

筆者もマックスさんとほぼ同一の認識に達している。両者の違いは、氏がアメリカ人であり筆者が日本人であるという国籍の違いだけである。筆者には、「どうしてこんなに日本の本質が分かったアメリカ人がいるのだろう」という驚きがある。

マックスさんが日本の歴史（特に戦後史）を深く勉強されただろうということは間違い

本図は弥勒世の政治構造（世界一家の政体）を示す。

現在ネットから取得可能な情報による弥勒世の地球統治のあり方。正解そのものではないが、アジマリカン理論ではこうなる。天皇中心の理念は揺るがない。

弥勒世完成時には地球世界は日本一国となり、全人類が天皇を人類統合の中心として推戴することになる。

当面、世界はこの三極体制で運営されてゆくことが望ましい。トランプ氏の上に付けられた「??」は、彼が大統領になれない事態が発生する可能性を示唆している。

原口氏は近々、救国内閣の総理大臣となる（?!）。

のないことだ。

その一方で、当の私たち日本人の大部分が、筆者やマックスさんの認識には到達していない。これはひとえに「戦後レジーム」と呼ばれるアメリカの日本弱体化政策の結果であり、「アメリカの日本弱体化政策は見事に成功した」と結論するしかない状況が続いている。

現在既にアメリカは国家として崩壊しており、仮にトランプ元大統領が再選されても、アメリカ合衆国は世界地図から消えてしまうだろう。当然日本もただでは済むわけはなく、日本も消滅の危機を迎えている。

だが、それでいいはずがない。日本民族は必ず復活を遂《と》げる。ではどうやって⁉。

鍵は衆議院議員の原口一博氏が握っている。

〝弥勒の世〟はいつ完成するのか⁉

これから弥勒の世完成に向けて、その種子となる要素が姿を現わしてくる。目に見える要素としては、次から次へと弥勒世を迎えるための準備となる事件が起きてくる。特に本論で〝龍〟と称される人物が最も重要となってくる。

今後の日本と世界で起きてくる事件は厄災の様相を呈《てい》してはいるが、裏から見れば厄災ではなく浄化（実は勉強）である。だから、コロナ騒動にせよ地震等の自然災害にせよ、人類が学ぶべき課題という意味を持つ。そこを乗り越えなければ、人類は弥勒世を迎えることはできない。

現在はその手始めとして、**日本民族の覚醒が本格的に始まった**という解釈になる。

岸田首相率いる日本政府は、国民をないがしろにしているだけでなく、積極的に日本を滅ぼそうとする政策ばかり推進していることが明らかである。裏から見れば、岸田首相の売国政策があまりに露骨で最悪なので、お人好しの日本人も「岸田首相は日本を本気で滅ぼそうとしており、自分は日本政府に殺されるかもしれない」と気付き始める（まだ何とか間に合う）。そういう筋書きになっているようだ。

２０２０年、新型コロナウイルス騒動が勃発した時点で、筆者は本能的に「**何があっても生き抜く！**」と決意していた。この困難な時代を通過しなければ弥勒世は姿を現わさないことが分かっていたからだ。

「弥勒世とは水晶のように透明に光輝く時代である」と言われている。

さて、弥勒世というものは本当にやって来るのだろうか？

筆者の認識では、２０１５年頃から弥勒世は始まっているのだ。よって、これから起きてくるのは弥勒世の完成という事態である。筆者が神から教えられた〝**一厘の仕組の完成**〟**とは、弥勒世の完成が秒読み状態になった**という意味になる。

さて、〝弥勒世完成〟という事態が訪れるとしたら一体いつのことなのか？

これには様々な考え方があるのだが、現時点ではっきりしたことが言えるのだろうか？現在入手できる情報から弥勒世の完成時期について考察してみよう。

『日月神示』の一節「子《ね》の歳真中《としまんなか》にして前後十年が正念場」（『磐戸の巻』第十六帖［２５２］）が考えるヒントになる。〝子の歳〟が２０２０年だというのは、「コロナ」開始年なので確かである。

筆者の理解では、２０２０年に始まった新型コロナウイルスによるパンデミックは、ＤＳによって起こされた人口削減を目指した戦争である。ビル・ゲイツ（人口削減論者であり絶対に慈善家ではない↓悪魔側）や配下のＷＨＯによる邪悪そのものの陰謀なのだ。

そういうことは２０２０年時点で瞬間的に分からなければならないことだ（筆者はすぐに分かった）。ところが、日本人に限って言えば、まだドツボに嵌まったままである。日本国民が世界中で最も苦しめられている。しかも、日本国民を苦しめているのは、岸田首相をはじめとする日本政府（特に厚生労働省と外務省）である。日本政府もＤＳの支配下にあるので、現在の日本はDS側から見たら〝便利なATM（金づる）〟でしかない。だが、2024年に入って、ようやく日本が良くなる兆しが見えてきた（詳細は後述）。

〝コロナ↓五六七↓みろく〟と変換できるため、「弥勒《五六七》世の正念場に入った」という艮の金神（＝地球神＝国常立大神）の念押しだと考えられる。

〝前後十年〟とは素直に考えて「2015年から2025年」となるが、「前後十年づつ」と解釈すれば「2010年から2030年」となる。後者の方が幅があるので無難《ぶなん》である。本当のところ、十年でも二十年でもどちらでもよいが、ここでは「弥勒世の正念場は2010年から2030年」で検討してみよう。

現在2024年なので、弥勒世の正念場は、2030年までに五、六年残っていることになる。正念場は2030年に終了し、そこから人類は弥勒世の完成へと向かって進んでゆくことになる。完全に弥勒の世になるには、さらに十年程度かかるのではなかろうか。

筆者の想定では、弥勒の世の完成した姿を見るには、最速でも15年程度かかりそうだ。若い人にとっては15年などあっという間だが、70歳の筆者にとっては結構大変だと感じる。先のことは分からないから、とにかく食べるものに気を付けて健康で元気に楽しくやっていこうと思うのみだ。

大乗仏教の弥勒《みろく》下生《げしょう》経《きょう》では、「兜率天《とそってん》から弥勒菩薩が下生してくる」という。

ガンダーラ芸術「兜率天上の弥勒菩薩（中央）」。本物の弥勒世はもっと澄み切って輝いている!!

だが、ガンダーラ芸術のような仏教的イメージには陰気くささがあって、本来の弥勒世を表現し切れていない。兜率天とは筆者が感じている神界よりも低い天界でしかなく、弥勒世で降りてくる世界は仏教で言う最高天よりも上の神界で、弥勒菩薩がいるという兜率天よりも高い。

筆者の認識では、「弥勒世とは日本の神社（＋一部の寺院）が持っている清明の気を地球全体に広げて、すべての人々が嬉しく楽しく健やかに生きてゆくことができる世界」となる。『聖書』等が記録している一神教（キリスト教・イスラム教・ユダヤ教）の世界から弥勒世のイメージを取り出すことはできそうにない。弥勒の世は多神教的（＝日本的）であって、日本の歴史と文化を母胎として生まれてくる。

閑話休題。

弥勒世完成まで当面の間、あじまりかん通信は発行し続けようと思っている（予定は未定……）。

その間に呆《ぼ》けないという保証はないので、自分で保証しなければならない。毎日〝健康ステッパーナイスデイ〟を踏んで、足の筋力維持に努めているが、実際ナイスデイの効果は著しい。足が軽くなってスタスタ歩きになってしまった。

筆者が足の健康を気にするのは、足が悪くなると認知症になるといった影響が出る実例を見ているからだ。人間、足さえ元気ならば大丈夫である（と信じたい）。

原口一博《かずひろ》衆議院議員に注目

筆者は今、立憲民主党の原口一博衆議院議員に注目している。氏の活動を、特にYouTubeでの発言、特に日本人の人命に直接関わるWHO問題に焦点を当てて紹介したい。

筆者がそのように考えたのは、現在という〝極めて人命が安い時代〟（今多くの日本人が新型コロナ用ワクチンで健康を害したり死亡したりしたりしており、その被害は甚大である）の中で私たちはどのように生きてゆけばよいのかを考えるためである。

氏はYouTube動画『パンデミック条約・世界保健規則問題は、国家安全保障問題。生物兵器産業保護振興がもたらす脅威の正体。ジェームズ・ロガスキー氏、我那覇真子氏らとの会議から2024／03／06』〈https://www.youtube.com/watch?v=dt5P22XUmu8〉で、次のようなメッセージ（筆者の要約）を発信している。

「世界保健機構（WHO）が成立を進めているパンデミック合意（条約とは言わないことに注意）は、日本国民の健康と安全を脅かすワクチン強制化をもくろむ（実際には日本人をモルモットとして利用しようとする）もので、最終的に世界人類の家畜化（ジョージ・オーウェルのSF小説『1984年』の世界）を目指す恐ろしい意図が隠されている。絶対に成立を許さない」

ジョージ・オーウェルの『1984年』の世界とは、日本国憲法の第七十三条第三号の通称「大平三原則」（後述）を無視する全体主義の世界だ。「WHOが秘密裏に決定した内容は日本国憲法よりも勝る」というもので、完全な主権侵害であり憲法で保障された基本的人権を無視している。

大平三原則：1974年2月20日の第72回国会衆議院外務委員会における大平正芳外務大臣の答弁内容で表明された範囲（①法律事項をふくむ国際約束、②財政事項をふくむ国際約束、③政治的に重要な国際約束）

今まで一切政府筋からの説明はなかったものが、原口衆議院議員のネットメディア

（YouTube、ニコ生、X space、Facebook等）経由の発信により、多くの人に知られるようになってきた。

氏のWHOに対する見解は、「WHOという組織が遂行している業務は、日本国憲法第七十三条の、いわゆる「大平三原則」に完全に抵触しているので、日本国民の生命と基本的人権を守るためにWHOから脱退すべきである」というものだ。

我那覇真子《がなはまさこ》氏や原口氏の説明では、パンデミック合意とは生物兵器産業ビジネス（＝金儲け。海外の製薬会社が受益者で、今や兵器産業以上の巨大市場）保護振興の枠組を確立させようとする目論見である。

筆者は新型コロナウイルス騒動が始まった時点で分かっていたのだが、裏側に隠されている事情（＝DSの手口）がギリギリになって解明されてきた。国会議員もみな知るところとなった。

パンデミック合意には国家主権の放棄（例えば日本国民がモルモットになって毎年強制的にワクチンを打たれるという結果になる）という黒い目的が隠されている。

だが、大手メディアは一切報道しないので、9割以上の日本国民は知らされていなかったものだ。わずかにYouTuberの我那覇真子氏らによってレポートされた情報しかなかったのが、最近ではようやく情勢が良い方向（日本人の生命と健康がギリギリのところで守られる方向）に切り替わってきた。

この変化は原口衆議院議員によってもたらされた要素が極めて大きい。

医学の世界では、2021年頃から一貫して「ワクチンの危険性」、「WHOの危険性」を指摘するための井上正康氏らによる情報発信に負うものが大きい。最近の井上氏の著作を参照されたい。

『きょうから始めるコロナワクチン解毒17の方法　打ってしまったワクチンから逃げきる完全ガイド』井上正康著、方丈社
『なぜ、医師の私が命がけでWHO脱退を呼びかけるのか？』井上正康著、方丈社

龍(1)：我那覇真子氏

最近では、原口氏の動画に〝にゃんこ先生〟こと宮沢孝幸氏（ウイルス学者）が登場し、新型コロナウイルス＋ワクチンの存在によって起きてくる現象をほぼ完全に解明できたという報告がなされた。その報告には、前記の井上先生の新型コロナ関連分析内容を訂正する情報を含んでいる。（→『「鈴木宗男議員政府役人に一喝！　パンデミック条約第5回グ

ローバリズムと闘う超党派議員連盟振り返り（我那覇真子チャンネルから）今後の運動方向。後半、にゃんこ先生ご登場!!２０２４／03／17』〈https://www.youtube.com/watch?v=Dk3wlYpZF8M〉）

既に日本民族の覚醒は始まっており、覚醒の渦巻きが大きく成長し始めている。

現在、日本民族の覚醒に最も寄与しているのは、衆議院議員・原口一博氏である。氏は一日も休むことなく、早朝の5時台から様々なテーマで本当のこと（＝実際に起きていること）を伝えている。

これが、原口議員がアップするYouTube動画一日分（2月26日）の内容（ごく一部）である。最近の動画では「ディープステート」、「悪魔」などという言葉が飛び出すが、「すべて公開しているので大丈夫」と、舌鋒は鋭い。見ている方はハラハラするが、政治の世界の裏側が透けて見えるので非常に面白いのである。

龍(2)：鈴木宗男氏

・ファシスト、ナチス、ネオナチを許さない。アメリカ議会でも度々、問題とされて

きたネオナチ問題。日本の公安調査庁も2年前まではＨＰにアゾフ大隊とネオナチの関係を記述。２０２４／02／26

・【ブリンケン国務長官、ヌーランド氏。ウクライナへの支援の必要性を訴える。】ロシア・ウクライナ紛争の行方。戦争屋の次のターゲットにされてはならない。日本、国益優先の必然。２０２４／02／26

・パンデミック合意と世界保健規則改正の問題点　ジェームズ・ログスキーム氏Top 12 Reasons to #StopTheTreaty 原口一博解説　２０２４／02／25

・「政治資金規正法の穴」を枕詞のように使っているようにさえ思う。穴があると言うと、裏金問題がさも適法であるかのように聞こえる。今の法律でも違法は、違法だ。穴に逃げるな。２０２４／02／26

多くの日本人はパンデミック合意や世界保険規則（ＩＨＲ）の存在自体を知らないし、政府もマスメディアも正確な情報を提供していない（知られてはまずいのでひたすら隠している）。自らネット系の情報にアクセスすることがない日本国民は、このような問題があることをほとんど知らない。

厚生労働省は以下のように説明している。

【厚生労働省発行資料『パンデミックの備えに関するG7合意』より】

WHO加盟国は2021年の第74回WHO総会で、WHOの強化に関するWHO加盟国作業部会（WGPR）を設立し、議論の末、以下を決定：

①IHR（2005）を改正するための議論を行う。

②パンデミックの予防、備え及び対応に関するWHOの新たな法的文書の作成に向けた交渉を行う。

厚生労働省の説明の前提となる〝パンデミック〟という言葉の定義が存在しない。またIHRの改正については、いつの間にかWHO側で予定を何回も早めてしまうという、ひどくいい加減なものである。

WHOとは、一部のグローバリスト（金権による全体主義者）が世界一極支配を法制化するための組織でしかないことが分かってくる。

『国際保健規則（IHR）の改正について』の文面を読む限り、IHRの施行時期は、知

龍(3)：及川幸久氏

らない間に、最初2年後だったのが1年後になり、さらに半年後（今年の5月）になっている。国民の自由と権利を奪う怖ろしい決定を秘密裏に進める、というのがWHOの特徴的なやり方で、日本政府（厚生労働省・外務省）は積極的にWHOに同意しているという状態である。以下の動画などを参考にされるとよいだろう。

動画：【本日のWCH議連】それは、国会議員も知ることなく、静かに進められている――』
〈https://www.youtube.com/watch?v=aL1ZJY1eYmY&t=60s〉
【本日のWCH議連】「IHR」基本的人権の尊重・日本国憲法との矛盾は？【ITビジネスアナリスト深田萌絵】
〈https://www.youtube.com/watch?v=dlw72kovAFo&t=4s〉
【医師／藤沢明徳】「ますます確信を得ている」～最初に声を上げた医師団体のリーダー～』
〈https://www.youtube.com/watch?v=hR87TX7BSbg〉

龍(4)：WCH 議連参加者。左から山岡鉄秀氏、村上康文氏、原口氏、井上正康氏、林千勝氏

【松下幸之助翁から原口氏への預言】

原口氏は二十代の時に政治の世界に足を踏み入れることになった。具体的には松下政経塾に入塾して、そこで松下幸之助氏の薫陶を受けられたのだが、以下は氏が動画内でたびたび語っている逸話である。

「松下幸之助さんは、「政治を正さなければ日本は良くならない。」と松下政経塾を立ち上げ、世界から人材を集めました。

日本やアメリカだけでなく中国からも若者が学びにきました。

「権力と利権と選挙の汚い三角形」これを打破することが私たちの使命でもあります。そのために松下幸之助さんは、もう一つの政権政党をつくろうとしましたが、巨大な力に阻まれました。

弟子である私たちは、未だにそれを実現できていないこと

龍(5)：深田萌絵氏

を恥じています。

ただ恥じているばかりでは、進みません。結集、行動あるのみです」

原口氏は幸之助翁の言葉を自身に向けられた教訓として、その道を全うされようとしている。

国民の生命を守るためWHOから脱退を

原口議員は「独立自尊の日本を創るために横につながっていきましょう」「ディープステート＝戦争屋の煽動に踊らされてはいけない」とハッキリ伝えており、「強く立ち向かいましょう。同時に横につながっていきましょう」、「この動画を拡散してください」と日々訴える。

前掲動画タイトル内の〝WCH〟とはWorld Council for Healthの略で、原口議員は日本におけるWCH議員連盟の発起人である。ようやく日本でも多くの議員がWCH議連の会合に参加することによって、WHOという組織の詐欺的なやり方（本当の目的＝〝少数の金持ちが人類を家畜化しようとしていること〟を隠したり、日本国民が健康被害を受けたり死亡したりという不利益を語らなかったりといった恐ろしい手口）に気付くようになってきた。

原口議員の登場で、日本がＷＨＯというグローバリスト組織の手口に引っかからなくなる、すなわち、日本国民の基本的人権と生命の安全を取り戻す方向性が見えてきた。

日本がＷＨＯに加盟している限り、日本国民の安全と健康が脅かされ続ける（モルモット化される）ということが分かってきた。ＷＨＯは日本国民の安全と健康に寄与しないどころか、日本国民を知らない間に奴隷化しようとする悪意ある組織である。そのようなＷＨＯなど脱退すればよいのである。原口氏がやってくれるだろうという期待がある。

現在の日本社会は真実（＝実際に起きていること）が容易には伝わらない構造になっている。つまりネット民のごく一部の人しか日本の問題点を認識できないのだ。筆者はネット情報をいつも参照し、何が起きているか知ることが日課となっている。

龍(6)：石田和靖氏とマックスさん

だから、原口氏の語る内容を理解できるし、共感することができる。

現在の日本社会の情報伝達構造が現在のようになっているのは、ごく少数の人たちの「依《よ》らしむべし、知らしむべからず」という方針によるものだ。彼らが見えないところで進めている陰謀（大多数にとってはよからぬことで、生命がなくなることもある）を知られたくないからである。

グローバリストたちの陰謀を知悉している人間ならば、2020年に新型コロナウイルスが登場すると同時に、「これは細菌兵器で意図的に起こされた人工的なパンデミックであり、人口削減のための一種の世界戦争であり、放っておけば人類はおとなしい羊のような家畜的存在になってしまう」と認識するはずだ。

さらに翌年以降、新型コロナワクチンが登場した時点で直ちに、「新型コロナワクチンは生物化学兵器で、人類（特に日本民族）の人口削減を目的としている」ことが分かるはずだ。

どうして筆者がそういう結論を出せるのかと言えば、筆者はビル・ゲイツ（グローバリストの代表でコロナワクチンの普及を強力に推進）が人口削減主義者である（種子や食料

龍(7)：篠原常一郎氏と坂東忠信氏やがて原口氏につながるだろう

の独占を始めとする、一言では言い表せないほど邪悪な計画を人類への福祉の名の下に推進している）ことを知悉していたからだ。

筆者は「新型コロナワクチンは絶対に打たない」一択だが、WHOが進めるパンデミック合意が成立すると、ワクチン接種の強制化という事態になる、ワクチンを打たない自由が奪われてしまうのだ。

原口議員も新型コロナワクチンに関しては最初は無知だった。その結果、癌（悪性リンパ腫）になり、（当時の）参政党の吉野敏明氏や神谷宗幣氏、井上正康氏のような医師たちの助言を受けることができて、ようやく癌が寛解するという出来事があって、現在のように情報発信されるようになった。

氏はご自身の動画で、「自分は一度死んだ人間で、今の私は神から〝まだやることがある〟と生命をいただき直した」という意味のことをしばしば語っている。日々の氏の情報発信を見ていると、まさに「自分の生命・全存在をかけている」ことがビンビン伝わってくる。

動画の視聴者も「あまり頑張り過ぎないでください」とか「本当のことを言い過ぎて生命を狙われないようにしてください」な

龍(8)：河添恵子氏

どといったコメントを寄せている。それくらい原口議員は本気である。

原口氏の場合、単に政治生命を賭けているだけではなく、全存在をかけている。氏の「私は絶対に自殺することはない」という発言は、「(仮に殺されることがあっても)自殺で死ぬことはない」という意味である。この発言は〝信仰上の理由である〟としか分からないが、氏の固い決意はストレートに伝わってくるのである。

原口氏のYouTube動画に〝ドラさん〟という政界事情通が音声だけでしばしば登場するが、ドラさんは自ら「八咫烏《やたがらす》の使い」と発言されている興味深い人物で、その彼が「原口さんがガンの闘病から復活した段階で〝原口さんは総理大臣になる〟と確信した」と語る(『ガンになった原口一博が気付いたこと』原口一博、吉野敏明、聖林堂)。筆者も、今年に入ってからは、ドラさんと同じことを感じていた。

原口氏は情に厚い人で、なぜか氏の動画を見ているだけで、氏の人となりが伝わってくる。氏の知性もさることながら、涙もろいと

龍(9):南出賢一氏、川田龍平氏

龍(10):藤江成光氏

ころを無防備に見せてしまうところなど、応援せずにはおれなくなるような人柄である。原口氏は根っからの日本男児・熱血漢で、氏のような男気のある国会議員は見たことがないし、信用できると感じさせる。

氏の動画は政界と政府の雰囲気が伝わってくるので面白い。筆者は原口氏の動画を毎日見ることで心からのエールを送っている。多くの視聴者も筆者と同じ気持ちであることが、視聴者のコメントから伝わってくる。

原口氏は神さまの世界も感じておられるようで、石垣・尖閣諸島で強く意識するようになった「龍を集めなさい」（なんでもI《アイ》先輩からも言われたらしい）という課題を着実に実践されている（YouTube動画『龍を集めなさい。沖縄と龍神伝説。他党の代議士と話してみると意外にも一緒に仕事をしていた人も。2024／01／15』）。

〝龍〟とは優れた人材であり、神から選ばれているという意味合いを含んでいる。

龍⑾：ジェイソン・モーガン氏

龍⑿：田中陽子氏

龍⒀：茂木誠氏、Lizzy 氏

そういう〝龍〟が原口氏の周りに自然に集まってきていることは確実である。筆者の言葉で言い換えれば、龍とは弥勒世の立ち上げ人たちのことで、YouTube動画の世界を見るだけでも分かるようになってきた。

本文下部の〝龍〟の面々は筆者が適当に選んだもの（順不同）で、必ずしも確定した情報ではない。雰囲気としてゆるくとらえていただきたいが、すごい人たちが国常立大神の霊流を受けて動き始めているのだ。最重要ポイントは次の通り。

昨年末に一厘の仕組が完成した結果として、表舞台に立たれた艮の金神（＝国常立大神）のお働きが明確になってきている。国常立大神がお使いになるエネルギーはアジマリカン（＝渦《うず》の御宝《みたから》＝根源の言葉）であり、弥勒世創世の役者たちはアジマリカンの力で動かされているということだ。役者たちの自覚の有無は無関係で、彼らはみな神がかった状態で（自然に）動いているということである。

普通の言葉で言えば、**「日本が壊れる寸前に〝正義が勝つ〟」**ということだ。こういう明るい話題を報告できる日がやって来たので嬉しいのだが、戦いはまだまだ続く……。

龍⒁：水島総氏（中央）

世界最終戦争回避から弥勒世完成へ

年が明けて日本と世界を見渡してみれば、能登半島大地震や大火災、ウクライナ戦争、イスラエル・ハマス戦争など世界の混乱は一向に治まる気配はなく、ますますひどくなっているように思える。

先ずは、筆者がハルマゲドン（＝『ヨハネの黙示録』で語られる世界最終戦争）というものをどのように理解しているかを定義しよう。ハルマゲドンとは『日月神示』などの預言的な書物では、「とどめの戦《いくさ》」という位置付けのもので、一般的には〝第三次世界大戦〟と呼ばれるものだ。

続いて、一厘の仕組に関連して、重要な出来事を筆者の霊的観点で拾ってみよう。

【霊的観点から見た一厘の仕組を構成する出来事】

・３７００年前：ヤコブ（＝前世）が天使と戦って勝利（『旧約聖書：創世記』32章）。

・２５００～１５００年前：イスラエル民族が日本列島に移動。状況証拠のみだが筆者は体感している。イスラエルは日本列島に溶け込んで消えた。

・三世紀後半：アメノヒボコ（＝武内宿禰＝住吉大神＝筆者の親神）が日本建国。アジマリカンの呪文が降りた。武内宿禰［アジ］・神功皇后［マリ］・応神天皇［カン］で皇統が開始される。

・八世紀中盤～後半：普照（前世）が『日本書紀』編纂後に日本建国史の大嘘が創作されたことを知る。

・慶長十二年：1607年、福音法印（前世）が日本建国史の大嘘を暴くためのメッセージを神戸の霊石生不動明王院に残した。

・1975年頃：筆者の学生時代、神戸の霊石生不動明王院で、福音法印が筆者に宛てたメッセージを読み取る。

・2015年：アジマリカンで神（＝艮の金神＝国常立大神＝地球神）が降臨し日本列島に留まる。一厘の仕組の最終段階（＝弥勒世本番）に突入。

・2020年：コロナ騒動が勃発。アジマリカン理論では、2020年を〝狭義のハルマゲドン（＝とどめの戦＝世界最終戦争）〟開始年とする。

・2022年：一厘の仕組が完成＝艮の金神が表に出た＝弥勒世完成への道筋が決定

された。雛型（＝理念＝設計）の世界で全人類の救済経路が確定した。

・２０２３年：年末に一厘の仕組が既に完成していることを神から教えられる。

・２０２４年：弥勒世の正念場…ＷＨＯ問題で日本民族の大覚醒が開始される。

◎２０２５年：狭義のハルマゲドンが終了したことを人類が知る。弥勒世完成に向けてまっしぐら（〝希望〟）。

◎２０３０年：弥勒世の完成（〝希望〟）。

アジマリカン理論に関して、筆者はこれまで〝希望〟だけを書いてきた。（参考：『エイリアンから日本人へ』、『アジマリカンの降臨』、『日本建国の秘密　ヤコブ編』等、何れも日本建国社発行）

筆者の中では、「**日本と世界の命運は原口衆議院議員ら〝龍たち〟の活動にかかっている**」ことが明確になってきたので、原口氏の活動状況の報告を続けよう。

〝原口衆議院議員ら〟という表現は、氏のような役割を持った方は他にもたくさんいるからだ。そういう方たちを仮に「弥勒世創世中核メンバー」と名付けよう。以下の①と②がこの方たちの特徴である。

①意識するしないにかかわらず、国常立大神から与えられた（〝龍〟としての）役割を果

たしつつある。
②原口氏との目に見えるつながりの有無に関係なく、日本と世界を良くしようという意志を持って活動中である。

参考：原口一博氏のYouTube動画『ドイツ軍幹部のクリミア大橋攻撃会話漏洩の衝撃。第三次世界大戦の導火線を消せ!! 米国務省ヌーランド氏退任、カート・キャンベル氏国務副長官就任発表。』〈https://www.youtube.com/watch?v=f03Er17E_cc〉

前掲動画の視聴者からのコメントには、次のように熱心なものが多い。

・原口チャンネル、大学ノート5冊になりました。速記の走り書きなのですが、今朝、読み返してその範囲の広さ深さに驚きました。歴史、政治、哲学、経済、心理学。やっぱり【原口一博】凄すぎです。博学が服を着ているようです。配信ありがとうございます。
・真実と信頼が詰まってるお宝ですね(^o^)
・教育の本質を身を呈して実践されて、素晴らしいの一言に尽きます。返信ありがとうご

ざいます♥

・私たちは、ある意味面白い時代を生きているのですね、ありがとうございます♥

最近の動画では「原口氏を次の総理大臣に」の声が多く寄せられ、原口氏への期待が高まっていることが分かる。動画から筆者に伝わってくるのは、原口氏が国常立大神のパワーと祝福を受ける人になったということだ。本文内に紹介した〝龍〟たちについても事情は同じである。俄然《がぜん》面白くなってきたのである。

日本は燎原の火のように燃え立つ!!

会報「第二五章　日本の仕組みが世界標準になる」（または、拙著『結び、愛国、地球維新』日本建国社、2022年）で、筆者は次のようなことを書いた。

現在の状態が続いても、日本人が目を醒《さ》ますというようなことは起きそうにない。それではどうしたら日本という国＝日本国民を覚醒させることができるだろうか。

バハイ教の二代目教主アブドル・バハ（1863—1921）は、次のように日本の指導的な使命を予言し大きな期待を寄せている。

日本は燎原《りょうげん》の火のように燃え立つであろう。日本は神の大業《たいぎょう》を広めるのに最も驚くべき能力に恵まれている。日本はほかの国と共に世界がやがて目撃するであろう人類と国々の精神的目覚めに先駆者《せんくしゃ》としての役割を演ずるであろう。（『最新版　大予言』GAKKEN）

バハイ教のアブドル・バハ

バハイ教は19世紀のイラン（当時のペルシア）で、バハオラによって創設され、独自の聖典、暦を持ち、神の一体性、宗教の一体性、人類の一体性を信条とする世界宗教である（信者は非常に少ない）。バハの予言を信ずるとすれば、いずれ日本が真の意味で使命に目覚めて世界を導く時が来るということになる。

2024年3月初め頃だったように思う。YouTubeの原口一博チャンネルを見ている時、氏の口から「燎原の火のように広がってきている」という言葉が飛び出した。

筆者は2015年にアジマリカンを始めてから数年間、ずっとこの日を待っていた。

「燎原の火」とは、〝原口氏の動画を見た多くの視聴者が同意・共感しつつあること〟に対する氏自身の実感を表わす言葉だ。ついに日本に希望の火をつける本命の役者が登場したのである。

原口氏はまことの人（＝九州男児）である。原口氏の現在の活動が重要で、以前どういう政治思想で活動されていたのかは重要ではない（知らない）。原口氏には神の白羽の矢が立っており、氏の活動を通じてWHO問題が解決され（＝日本人の大量死を水際で食い止め）、その結果、弥勒世完成が見えてくるのである。

確かに世界は神秘の音＝アジマリカンで、光の射す方向に動かされている。国常立大神がこの日を待っていた人々の中に入って働かれるのだが、実際に動くのは神命を受けた人たちだ。彼らの誠《まこと》と〝みなの幸福を願う意志〟で、魂に火が付いて自然に動かされるのだ。

地球世界は日本一国となる。日本以外の民族・国家は各々の意志で日本に帰一統合される。

近未来の地球は、聖書的な「千年王国」とは異なり、横一列で日本的な弥栄《いやさか》の世《よ》となる。

地球が日本一国になることによって、「地球という名前は相応しくないから、この惑星を日本《にっぽん》と呼ぼう」ということになる。

惑星日本では、天皇が宇宙の中心を体現して、全民族が天皇という中心に水平に帰一する。

全地球的日本では、各民族はみな日本人となり、彼らの歴史・文化等の多様性が容認され生かされ、みなが嬉《うれ》し楽《たの》しの御世《みよ》の一員となる。

これこそが一厘の仕組の真義だったのだ。

間もなくディープステート（闇の勢力・悪魔）は、その役目を終えて消え去る。同時にアメリカもイスラエルも他の国々もなくなり、生《き》のままの民族がすべて残される。決して『日月神示』や『ヨハネの黙示録』の通りにはならない。人類がとどめの戦の構図〝神vs.悪魔〟に気付いてひるまずに戦えばよいのだ。そうすれば、大きなカタストロフィーは起きず、人口はあまり減らずに済んでしまう。

近日中に、透明に光り輝く弥勒の世を、自分の目で見ることができそうだ。筆者はその日まで、日本と世界のネット・ウォッチングを続けていこうと思う。

楽しみである……。

アメリカは一度滅びなければならない

地球全体が統一されて平和を達成するという観点から、日本とアメリカ合衆国の関係がどうなってゆくべきかについての試論である。論理は粗くなってしまうがご了承を。

現在、バイデン大統領率いるアメリカ合衆国は崩壊の一途をたどりつつある。バイデンは意図的にアメリカを壊そうとしている。筆者は「バイデンはアホだ」と思うが、バイデンはまるで「アメリカがどうなってもよい」と思っているかのように見える。つまり、バイデンに命令しているもっと悪い連中がいるということだ。これは知っておいた方がいい。

今まで悪いことをし過ぎたアメリカ合衆国は、一度滅亡した方がよい。ただし、アメリカ合衆国が滅亡したままでいいということではない。滅亡後のアメリカ合衆国は再生の道を辿ることになる。そうなってほしいと思う。

ここで言うアメリカ合衆国とは首都ワシントンDCの機能を意味しており、一般のアメリカ人のことではない。一般のアメリカ人はワシントンDCの犠牲者であるが、アメリカ人ということで利益も受けているので。ワシントンDCと同一の罪を共有している。アメリカ人は最低限、アメリカが犯した罪の数々を自分の問題として認識しなければならない。

筆者は一般のアメリカ人は好きである。衛星放送で動物病院の番組をよく見るが、そこに登場するアメリカ人は、明るく元気で、温かく思いやりがあって、みないい人たちばかりだ。

その一方で、動物病院に運び込まれてくる犬や猫を見ていると、自動車から捨てられたり、矢を射られたり銃弾を撃ち込まれたり、虐待されたりしている。悪質なアメリカ人も多そうだ。実際に番組に登場するのは、動物を愛する人たちばかりなので、悪質な人物の顔を見ることはできない。

アメリカ人にも良い人悪い奴、色々いるということだ。

アメリカはTVを通じてしか見ていないので大したことは言えない。だが、ネットを通じて否応なく人間性が劣化したアメリカの支配者たちを見ているから、言いたいことはある。以下は筆者のような普通の人間から見たアメリカ観である。いきなり結論に飛ぶ。

アメリカ合衆国という実験国家は建国と運営に失敗したのである。アメリカ合衆国は人類の希望でも何でもなく、むしろ、人類の敵となり下がってしまって久しい。

アメリカの独立宣言の冒頭には、「すべての人間は生まれながらにして平等であり、その創造主によって、生命、自由、および幸福の追求を含む不可侵の権利を与えられている」と謳われている。

だが、そこには義務もないし調和もないし拠《よ》り所《どころ》もない。アメリカ人を統合するための核となる歴史も文化も存在しない。すべてのアメリカ人が帰一すべき中心（＝求心力のもと）がないので、アメリカ人はバラバラの個人でしかない。

アメリカ大陸に属していた先住民たちこそが生粋のアメリカ人であるとすれば、後から入ってきた人々が作ったアメリカ合衆国は、無理やりずくめの即席国家でしかない。

アメリカの建国者たちは脳天気な大馬鹿の集まりに過ぎなかった。彼らには人間としての謙虚さや人の痛みを知るという経験が少な過ぎた。

そのため、アメリカには、建国時から積み重ねられてきた数々の背負いきれないほどのカルマがあり、その大清算が待っている。「一度滅亡した方がよい」というのはそういう意味である。

アメリカが全体として良心を取り戻して、「済みませんでした。もう悪いことはしません」ということにならない限り、アメリカという国が許されることはないだろう。アメリカが良心を取り戻すのは一体いつのことになるであろうか。トランプが大統領になれば今よりはましになるだろうが、アメリカの良心は戻ってこないような気がする。

聖書の神ではアメリカを救えない

一方、我々の日本国には民族統合の核となる歴史も文化も中心も存在する。日本国は縄文時代から続いている自然発生的国家である。

アメリカとの違いは決定的であり、國体《こくたい》（＝国柄《くにがら》、国の成り立ち）としては日本の方がアメリカよりも何百倍も勝《まさ》っている。日本民族は最初から、「大自然こそが神であり、人間はみな自然に生まれてきた」と心のどこかで思っている。日本人には、自分と神（＝自然）との距離がなく、自分も自然の一部だという感覚がある。その点が日本民族の無自覚な長所であり、それはまだかなり残っている。

一万年〜二万年の縄文時代からの歴史の積み重ねは、日本民族の巨大な霊力としてプールされており、日本人みんながその力に気付くことによって、これから発動されるのである。

だが、アメリカ人は筆者が言わんとすることをすぐには理解できない（あるいは理解しようとしない）。それは聖書（特に『旧約聖書』）に由来する一神教の欠点で、神と人間の距離が遠過ぎる。悪いが本当だ。

欧米人は、「自然は人間が支配して自由に利用する対象である」としか思っていないだけでなく、日本民族に対しても自分たちと同じ人間であるとは見ていない。よく言っても利用対象でしかないのだ。

そもそも聖書の神は人間（特に宗教的支配者）の都合に合わせた作り物であるから実体がない。ユダヤ教の偉いラビたちも実体としての神は知らないだろう（調べたわけではないので確信はない）。ここでいう実体とは土地の神霊＝国魂（あるいは民族霊等の実体）を意味する。世界は国魂同士の水平的なつながりによってのみ統合可能となる。

よって、崩壊したアメリカ合衆国がまとまるには、実体のない聖書の神では弱過ぎる。武力がどんなに強くとも、魂の力から見ればアメリカは弱い。

一方、実体ある日本の神は断然優れている。筆者のこの考えは、「日本列島も天皇も日本国民もすべてひっくるめて神から来たもの」とする日本的唯神《ゆいしん》思想（筆者の造語かもしれない）から出たものだ。これは単なる理論ではなく、霊的・精神的な実体を伴っているという点で極めて特別なものだ。そもそも国魂という概念すら日本固有のものかもしれない。それくらい日本は変わっている。

日本という国は、地球世界の中心たるべく、日本の国魂（実は地球神）によってデザインされたということを知らなければならない。**最初に日本国のデザイン（理念）があり、そのデザインに従って建国されたの**である。これがアジマリカン理論の核心である。

アメリカが救われる唯一の道

ここで思い出すのは、本章で紹介したマックスさんの「私の心の中で、日本の天皇陛下は私の天皇陛下です」、「天皇陛下のもとで平等な国民を創る」という述懐である。マックスさんの述懐を知ってふと思ったのは「現在の日本がアメリカの属国になっているのは一種のジョークで、本当はアメリカが日本の属国になった方が幸せだ」ということだ。つまり、アメリカこそが日本の一部となればよいのだ。

アメリカ人はマックスさんと同じく、「日本の天皇陛下はアメリカの天皇陛下」という状態になった方がよい。その方が日米両国民にとって幸せである。

真夏の夜の夢ではないが、いつの日かアメリカの各州がすべて日本領土になっている幻が見えたような気がしたのである。

アメリカ（特にワシントン政府＝大馬鹿者たち）は自分が一番正しいと思っているから、

「気に入らない奴は殺してしまえ、刃向かう国は潰してしまえ」となってしまう。聖書の神は力不足のため、合衆国政府の世界制覇への野望を抑えることができない。

現在、アメリカ合衆国は日々弱まり、その劣化の度を増している。最早アメリカ一国では世界の警察たりえなくなってしまっているが、諦めが悪いので戦争し続けている。

一方、日本の神々はしっかりと日本民族を抱擁して守り育ててくれている。日本には軍備等の物理的な力の強弱ではなく霊的・文化的な強さというものがある。この日本の強さをもたらしているのが国魂の力なのだ。

日本のこの強さを日本式と呼ぶなら、日本式はアメリカ式（American way）よりもはるかに優れたものだ。その日本民族が生み出した最高傑作が天皇という存在なのである。天皇は日本民族の精髄とでも呼べる存在である。

だから、マックスさんは「私の心の中で、日本の天皇陛下は私の天皇陛下です」と語ったのではなかろうか。

筆者の「アメリカを一旦ご破算にして、日本の神のもとに組み込む」という発想は、「とどめの神によるアメリカの立て替え立て直し」に他ならない。アメリカは、人の心ではなくではなく（日本の神の）意志の元に建て直されなければならないのである。

日本民族が自分たちの霊的・文化的な強さを再認識すれば、我々が神国の住人として相応しい自覚を取り戻すことができて、弥勒世の中心国家となるに違いない。

筆者は長年ソフトウェア技術者だったので、国にも設計思想があることを確信している。だからこそ、**日本という国家が建国された時の「中心帰一」という設計思想**を読み取ることができて、アメリカのそれと比較することができる。

アメリカ建国時の設計思想には中心という概念が存在しない。日本とは国の構造がまったく異なる。アメリカの人民はバラバラであり、日本は神の存在で包まれて一つである。

第三章で紹介した『日月神示』の一節、「○ばかりでもならぬ、ヽばかりでもならぬ。㋹がまことの神の元の国の姿ぞ」は、そういう国家の建国理念に関する話なのだ。

アメリカの建国理念は「○＝人民だけ」、日本の建国理念は「㋹＝神＋人民」なのだ。日本という国家の中心には帰一すべき神がおられる。実に分かりやすいではないか。

筆者は日米の建国理念の相違に、見えざる神の意志を感じる。日本という国は最初から世界の中心となるべく設計されている。このような設計思想を持った国は世界広しと言えども日本しか存在しないのだ。だから「日本は神国の中の神国」なのである。

最終的にアメリカは神国日本の一部となる定めなのである。

アメリカよ、日本に大政奉還せよ！

アメリカよ、日本の天皇に中心帰一せよ！

第六章　弥勒世完成が確定した！

執筆期間：二〇二四年四月十六日～六月十五日

パンデミック条約反対デモに参加した

2024年4月13日は、日本と世界にとって極めて重大な意義を持つ出来事があった日（＝Ωデイ）である。

既にご存じの方も多いだろうと思われるが、その出来事とは、東池袋中央公園（巣鴨プリズン跡地）に集合して開催された「パンデミック条約反対デモ（決起集会も含む）」である。

主宰者の佐藤和夫氏

現在日本も交渉中のパンデミック条約とは、日本国民や世界各国の人々の健康を守るためのものではない。その実態は生物兵器産業ビジネスの枠組である。世界

デモ行進開始前の公園内風景（壇上は水島聡氏）

保健機関（ＷＨＯ）という組織の目的は、パンデミックになりそうな病原体のデータを集め、好きな時にパンデミックを起こし、ワクチンを開発＆販売して生まれる利益を誰が得るのかというビジネス交渉なのだ。ＷＨＯは好きな時に生物兵器であるウイルスをまき散らし、パンデミックを宣言し、特に日本国民を実験台（＝餌食）としてレプリコンワクチンで大儲けしようという魂胆なのである。

今年５月末に、世界保健機関（ＷＨＯ）が総会で採択する予定の「パンデミック条約」と「国際保健規則（ＩＨＲ）の改正案」に反対するデモ行進（主催・**パンデミック条約に反対する会＝佐藤和夫会長**）である。

デモに先立って新宿区の牛込箪笥区民ホールで行われた決起集会は、会場が４００人で満席のため、入れそうになかった。だから最初からデモ行進への参加のみを目的として東池袋に直行した。

筆者は、このデモ行進を完全な世界平和への出発点となるイ

デモ行進中の筆者

デモ行進の一コマ

ベント（＝弥勒世の記念碑的な出来事）であると認識していた。

このデモ行進については、「これは参加するしかない」と思っていたので、何を置いても東池袋中央公園へと駆け付けたのである。久々の東京行きであったが、最近は交通機関を使う機会も減っていたので、久しぶりに小田急線の快速と山手線に乗ることになり、ワクワクしながら東池袋中央公園を目指した。

十二時台に公園に着いたが、池袋駅東口からの道中は、筆者と同じくデモ行進に参加する人たちばかりであった。デモ行進の出発時間は一四時からということだったが、待っている間も人の波が押し寄せ、主宰者（佐藤和夫氏）の当初想定していた三千人をはるかに超える二万人〜三万人（主宰者側の公式発表では一万九千人）の参加者となった。

参加者の顔ぶれは（筆者を含めて）**北は北海道、南は沖縄県・石垣島まで**、全国から自分の意志で集まってきた普通の人々ばかりだ。筆者も会場を埋め尽くした参加者の一人となった訳だが、参加者との一体感を感じて気持ちが高揚し、無性に嬉しかったことを思い出す。このような大規模のデモ行進が行われたことは従来なかったことで、大変なことが起きてしまったのである。

筆者は十二時過ぎに公園に入って、6番目の隊列（数百人規模）に並んだ。待つこと三時間、ようやく第6隊列が公園を出てデモ行進を行うことになった。実際に行進したのは

デモ行進を取材中の我那覇真子氏

約一時間程度で、池袋駅東口側周辺を、シュプレヒコールを繰り返しながら行進し、出発地点に戻って流れ解散となった。

シュプレヒコールのスローガンは十個程度あり、面倒な文言ばかりが並んだもの（例：「ＷＨＯの人権侵害を許さないぞ」はましな方で、その他は思い出せないし、沿道の人にも伝わらない）でほとんど覚えていない。せっかくみんなで叫ぶものなので、もっと簡単で覚えやすいものにすればよかったと思う。

筆者は久しくデモ行進に参加したことはなかったが、良いことがあった。嬉しかったのは、行進の最中に取材兼ライブ配信中の**我那覇真子氏**を見かけたことだ。行進中だったので、「いつもYouTubeで見てますよ」と伝えることはできなかったが、何とか写真を撮ることができた。本物の我那覇真子氏は輝いていた。

以下は主宰者の佐藤和夫会長は、ご自身の予想の数倍の参加者数を記録した、今回デモ行進の大成功について次のように語る。

予想を超えて一万人以上集まったのはワクチン被害が広く伝わったことと、また大手メ

４月15日に配信されたレポート

ディアが報道しない分、ＳＮＳやYouTubeなどが競って発信しているためだと思う。メディア報道、政府報道が一方に偏っていることに対する怒りが爆発し、パンデミック条約でワクチン強制という人権侵害が広がる、こうした要素がこの大量動員を生んだと思う。

我那覇真子氏の振り返り動画『４／15【生配信】国民大集結！　パンデミック条約反対集会＆デモ行進』〈https://www.youtube.com/watch?v=fsuORk9Z00E〉で、彼女は「あの時参加した私たちは歴史の証人になった」と語っていたが、まったく同感である。そういう記念碑的な出来事が起きたのである。

パンデミック条約反対デモから三日後（４月16日）の筆者の個人的感覚であるが、未だに東池袋をデモ行進している状態なのだ。それくらい筆者はその日のデモ行進の隊列の中に居続けている。４月13日は筆者にとっても、よほど重要な事件であったに違いない。

マスコミはデモ行進を完全に無視した

これほどの規模で行われたパンデミック条約反対デモだが、ＮＨＫを含む地上波ＴＶや大新聞では一切取り上げられなかった。だから、地上波ＴＶや大新聞しか見ていない人は、このデモ行進をまったく知らないということになる。**政府もマスコミもデモ行進を完全に無視した**のである。新聞やテレビは一体何のために存在しているのだろうか⁉

もちろん、ＸやFacebookなどのＳＮＳでは、心ある賛同者によって、当日のデモ行進のニュースが拡散されたことは言うまでもない。だが、肝心の日本国民には、まだまだ真実が伝わっていない。だが、近々その状況も変わってくるだろう。

日本国内でこのデモ行進をニュースとして取り上げたメディアは、**時事ドットコム**〈https://www.jiji.com/jc/article?k=2024041300474&g=soc〉、**世界日報 DIGITAL**〈https://www.worldtimes.co.jp/japan/20240415-180583/〉などのネット系メディアのみである。

海外からの参加と全世界的情報拡散

当日のデモには、**外国人も飛び入り参加**したり、事前に伝わっていたこともあり、外国の同じ志を持つ**著名人が情報を拡散**してくれた。

キアヌ・リーブスが取り上げて拡散

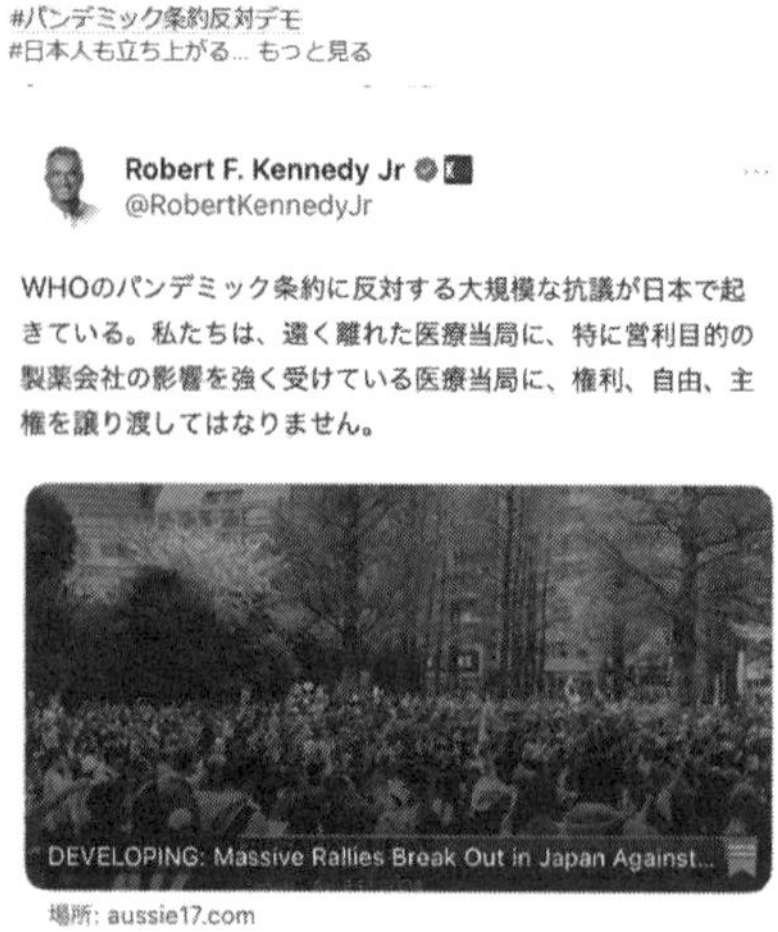

RFK ジュニアが取り上げて拡散

特に目立ったのはハリウッドスターの**キアヌ・リーブス氏**（映画『マトリックス』シリーズに救世主ネオ役で主演）がＳＮＳの Telegram に４月13日のデモ行進の動画を掲載して、その重要性について拡散してくれた。誰かが「世界中の千三百万人が氏の発信を参照した」と伝えていたが、キアヌ・リーブス氏の影響力はすさまじいものがある。

アメリカの次期大統領選挙の候補者として名前が挙がっているＲＦＫジュニア氏も、自身のＸアカウントで「ＷＨＯのパンデミック条約に反対する大規模な抗議が日本で起きている」と、いち早く紹介している。

補足：ＲＦＫジュニア氏はイスラエル無条件支持を表明していることが後で分かった。米国リーダーの多くがイスラエル支持だが、それはイスラエル軍が行っているジェノサイドを支持していることになるので、絶対に容認できない）

キアヌ・リーブス氏、ＲＦＫジュニア氏は影響度の極めて大きな人物なので、日本国内よりも先に、世界中にこのパンデミック条約反対デモが拡散されたことになる。

「**ついに日本は目覚めた**」、「**日本人の覚醒が始まった**」という驚きが世界中に広まったのである。

いずれにせよ、我々のような「パンデミック条約」と「国際保健規則（ＩＨＲ）改正」に反対する勢力は、この一回だけではなく、何回でもデモや集会を開催して、もっともっと国民に事実を知らせる必要がある。また、その方向に進んでいっている。

我々日本国民は、原口議員の呼びかけ「みなさん強く立ち向かいましょう」の通り、闘い続けなければならない。もっと多くの国民にパンデミック条約等の危険性を知らせることにより、「パンデミック条約反対と国際保険規則（ＩＨＲ）改正反対」を日本国民の統一意思として打ち出したい。次のデモ（総決起集会とパレード）の予定も既に控えており、本誌を書き終える予定の5月31日に日比谷公園で開催予定である。

WCH超党派議員連盟勉強会：右からマイケル・ヨン、林千勝、井上正康、原口一博、村上康文、山岡鉄秀、我那覇真子各氏

マイケル・ヨン氏が4月13日のパンデミック条約反対デモに合わせて来日し、自らの目でデモを確認し、さらに、WCH超党派議員連盟勉強会の振り返り会議にまで参加された。

【マイケル・ヨン氏について】

アメリカのジャーナリスト、写真家、作家。元グリーンベ

マイケル・ヨン氏

レー隊員、アメリカ軍情報将校、戦争特派員。現在は反グローバリズムの活動家として活動中。著作に『決定版・慰安婦の真実――戦場ジャーナリストが見抜いた中韓の大嘘』扶桑社、『歴史戦の真実　米国人ジャーナリストがただす本当の歴史と日本』扶桑社、『情報戦の真実　香港デモの実態と中国共産党の正体』扶桑社、等。

マイケル・ヨン氏が、同会議で発言された内容で特に印象に残ったのは「ここは戦地だ」、「ワクチンではなく兵器だ」という表現だった。

多くの戦地を実地で見てこられたヨン氏にとって、今回のパンデミックの本質はＷＨＯ（ディープステートの製薬医療利権複合体）が人類に対して仕掛けた生物兵器による戦争で、仕掛けている側は人類（特に日本人）を殺すために徹底的に作戦を進めているという見方になる。ヨン氏のこの見方に完全に同意したい。また、力を持たせてはいけない国として、オランダ、ドイツ、日本、カナダの四国が挙がっているという。

ＷＣＨ（Ｊ）超党派議員連盟の勉強会の席上で、ヨン氏によって語られた内容はショッキングなものであったが、筆者にはすんなりと納得できるものだった。

ＷＣＨＪとは：「ワールドカウンシルフォーヘルスジャパン〝World Council for Health Japan〟」の略称で、反ＷＨＯ、反ワクチンを使命として推進する団体である。

なぜならば、ヨン氏の認識は『日月神示』が語っている「大峠に行われるとどめの戦（＝最終戦争）」そのものであり、筆者の霊的認識とも一致しており、筆者も常々語っていたことだからだ。

アジマリカンとパンデミック条約反対デモの関係!?

ここで、「**あじまりかん＝一厘の仕組＝日本の中核神を明らかにすること**」だったことを思い出していただきたい。

既に前号まで三回にわたって、神の経綸（計画）＝「一厘の仕組」の正体について、筆者の実体験をもとに詳しく説明してきた。

昨年暮れに筆者は「一厘の仕組は既に完成している」という**艮の金神**からのメッセージを受けて、身体がつらくて寝込む寸前という修行をさせられながら、自分が何をやってきたのかを明らかにした。

〝一厘の仕組〟とは、大本の出口王仁三郎の『霊界物語』に出てくる、神の計画上の秘め事のことだ（第三章「予言された一厘の仕組とは」参照）。

『霊界物語』では、「一輪の秘密」と「一輪の仕組」について一章ずつ割り当てている。

一輪の秘密とは、三個の神宝「潮満の珠、潮干の珠、真澄の珠」のことだが、筆者は三個合わせて、あじ（潮満の珠）まり（潮干の珠）かん（真澄の珠）と解いた。

国常立大神がそれらの神宝を体（@竜宮島＋鬼門島）と霊（@シナイ山山頂）に分けて隠したというのは、筆者の「アメノヒボコ（日本）体験」と「ヤコブ（イスラエル）体験」に関係ありそうだがよく分からない。一輪の秘密にしろ、一輪の仕組にしろ、「竜宮占領戦」と三個の神宝からは、日本建国時の経緯が書かれていることが分かる。

「大八洲彦命、金勝要神、海原彦神、国の御柱神、豊玉姫神、玉依姫神」といった神名がズラリと並んでいるが、これらが意味するのは、日本建国時に登場した神々が、重要なお仕事をなさったらしいということだが、本当のところは分からない。

基本宣伝歌の「神が表に現はれて」という一句は、『霊界物語』のいたるところ（二百ヶ所近く）に出てくる。神が表に出なければ話が始まらないからだ。

やっつけておきたい神示がもう一つある。それは『日月神示』である。『日月神示』は大本系の神示と合わせてよく引き合いに出されるが、「一厘の仕組とは〇に神の国の〻を入れること」と、そっけない。『霊界物語』と『日月神示』を読み比べれば、『霊界物語』の方が正統で『日月神示』は肝心なところがピンボケである。もっともらしいが嘘っぽい。

筆者は長い間、ミロクの世を創る神の正体を追いかけてきたのだが、２０１５年にその神が降りてきたのだ。それも筆者に……。

筆者が初めてアジマリカンという言葉を唱えた時に、いきなり「神」が降臨して筆者の

腹中に入った！

そういう否定できない直接体験を得たので、「自分の体験したアジマリカンのことを人に伝えよう」と思って書き上げたのが拙著『アジマリカンの降臨』（日本建国社）である。

筆者の体内に何だかとんでもない神が入ってきた。同時に「一厘の仕組」という神の計画を進めなければ、と思い込んでいたのである。筆者の体験を審神《さにわ》者できる人はいなかったので、「とにかく自分がやったことを記録しておこう」と発行してきたのが、会報『あじまりかん通信』である。だから、このようにして書いているのだが、それも今号で終わ

りとなる。

この神こそが、『大本神諭』で言われる「艮の金神」で、艮の金神は**地球神・国常立大神**であり、国常立大神が表に出て百パーセントのお働きをされるようになったのだ。そう言えば、「一厘の仕組は既に完成している」という声なき声も自分の**腹中から響いてきた。**

これは筆者の体内に入った神「艮の金神」の声だったのだろうが、証明は不可能である。

現在は「国常立大神が表に出て十全に働かれる時代となり、反グローバリストである普通の人々が勝利して、全人類が幸せになるスタート地点」という段階だ。

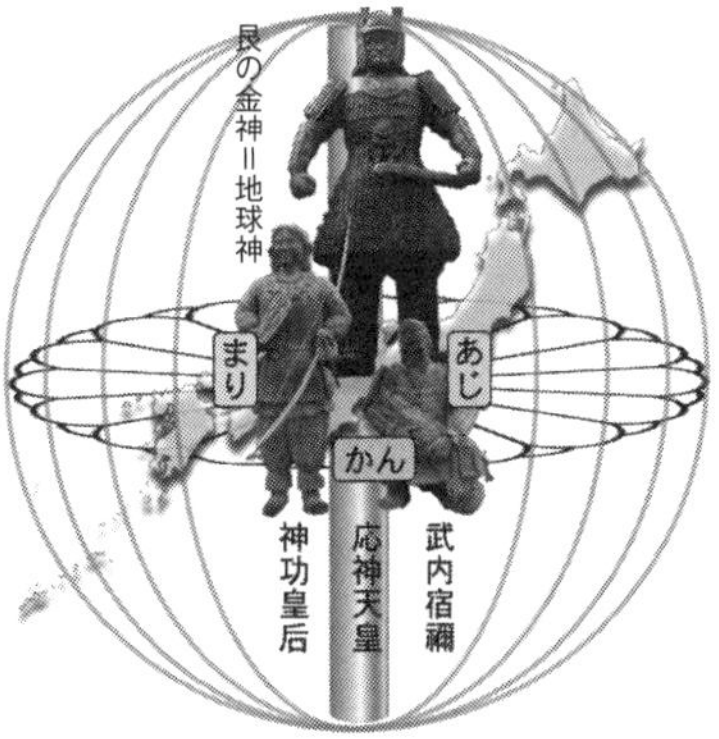

あじまりかん＝一厘の仕組の実体＝神が明らかになった。弥勒世の國体《こくたい》の中心には地球神と天皇霊がおわします

もうすぐ岸田首相を始めとするグローバリスト連中は、日本国民の力によっていなくなる。その近未来を確定させる出来事というのが、日本における「パンデミック条約反対デモ行進」だったということなのである。

筆者は拙著『エイリアンから日本人へ』（日本建国社）で、「Ωデイ＝ＵＦＯ＆異星人が大挙して降臨する日」が地球維新を決定する出来事になると書いたが、それは違っていたようだ。

ＵＦＯ＆異星人が急いで姿を現わす必要はなくなった。なぜなら、もっと重要かつ本質的な出来事が起きてしまったからだ。

「4月13日に日本で起きたパンデミック条約反対デモ」こそが、Ωデイよりも重要かつ本質的な出来事であった。このデモによって、地球世界が完全平和になる弥勒世の國体《こくたい》（＝国の形）が決定されたからである。覚醒した日本国民の力が結集して、弥勒世完成への人類の歩みが開始されてしまったからだ。

ディープステート＝影の政府（悪のユダヤ、悪の米国、悪魔連中）は、明治以降（太平洋戦争後は再度念入りに繰り返し）一貫して、日本人が永久に立ち上がらないよう、日本の歴史を抹殺し、日本人から自信を失わせた。それがついに終わりを迎えた。

この4月13日、日本人は本気で立ち上がったのだ。ようやく悪魔の支配に対して風穴が開いたのである。

彼ら悪魔は日本の神を極端に嫌い恐れていた。そのため日本人が徹底していじめられた。だが、それも終わりである。日本の中核神が一厘の仕組によって表に出てしまったのだ。彼らがどんなにあがこうとも、神が表に出て覚醒した日本国民を押さえ込むことはできなくなってしまったからである。

弥勒世完成への牽引者を見出した

筆者は〝あじまりかん〟という言葉を活動の名称としている。アジマリカン＝一厘の仕組なので、どうしてもアジマリカンの神＝艮の金神＝国常立大神が登場するのだ。それを毎回言わないと、論理の根拠が不明瞭になってしまいがちだからだ。

こういう特別なことを語っている方はほとんどいないが、それは当然で、一厘の仕組という仕事をなりわいとしてきた人間は筆者一人だけだったからだ。

筆者は、原口氏が弥勒世の中心的働きをする人物として、とどめの神・国常立大神によって白羽の矢を立てられたことを、つぶさに目撃・体感してきた（霊的認識である）。氏が昨年から今年にかけてYouTube動画（五百本ぐらい）などで語られた内容を霊的な一体感を持ってチェックすれば、筆者が言っていることは分かるはずだ。

さらに言えば、ＷＣＨ超党派議員連盟の発起人が衆議院議員・原口一博氏であり、原口氏が弥勒世完成の中心的な牽引者となることが、国常立大神によって決定されていると、自然に感じられる。

昨年8月末の原口氏は、ワクチンの三回摂取によって悪性リンパ腫になって、抗がん剤治療の結果として抜け落ちた髪が生え始めたばかり、という痛々しい姿であった（『例の流行病の真相に迫る―原口一博×神谷宗幣』〈https://www.youtube.com/watch?v=ha9OMQwo0kY〉）。

これからは原口氏が日本の中心的政治家として表に出て、短期間で原口救国内閣が成立するところまで行くのではないだろうか（筆者にはそのように見えている）。

YouTubeを見ていると、山本太郎氏とれいわ新選組の活動状況を報告する動画も多い。山本氏が全国展開している質問会なども面白いし、氏の訴えている経済政策、現政権批判等の主張は正しいと思っている。

「れいわ新選組代表・山本太郎氏とれいわ新選組しか日本を救えない」という発言（例：管理人のぼやきラジオ動画『【日本国民生活最優先】次の内閣総理大臣に最もふさわしいのは山本太郎さんと思う根拠について。』〈https://www.youtube.com/watch?v=4jbPvJRd_F4〉）を結構目にするのだが、筆者は「本当にそうかなあ」と思うことが多い。以下はその理由である。

残念ながら山本太郎氏は原口氏を十分には理解しておられない。原口氏は山本氏やれいわ新選組の動向をちゃんと意識していることが、氏の動画から伝わってくる。

山本氏が原口氏の動画を見れば、もう少し分かるようになるだろうが、彼には「パンデミック条約反対」という強い意思表示が見られない。そこが山本氏に不足している部分である。

「国民の健康と幸福」にとって、今もっとも大切なのは「WHOを脱退して、ワクチンを完全廃止すること」なのだ。そこからすべての良きことは始まるのである。

原口氏も繰り返し語っているが、氏の周りには数多くの「龍（＝神の御心に叶った優れた人材）」が結集しつつある。原口氏は神の心についてもしばしば口に出して語っているが、弥勒世の完成は神の心が中心なのだ。山本氏の場合、その視点が不足しているから、不十分なのである。

それが分かるには頭の良さや正義感、義侠心だけでは不足で、原口氏のごとく生命が危うくなるような体験をしている、つまり、生命の大切さが心《しん》から分かっている必要がある。原口氏は、そういう意味で、神の御心に叶った政治家なのである。原口氏の信条は次のようなものだ（言葉は筆者の責任）。

原口氏は、前記のような信条を明確にしながら、日々国民に語り、国民の意見を聞き、龍を探し出して横につながり合いながら、学び合いながら、つながりの輪《わ》・和《わ》を広げてゆこうとしているのだ。

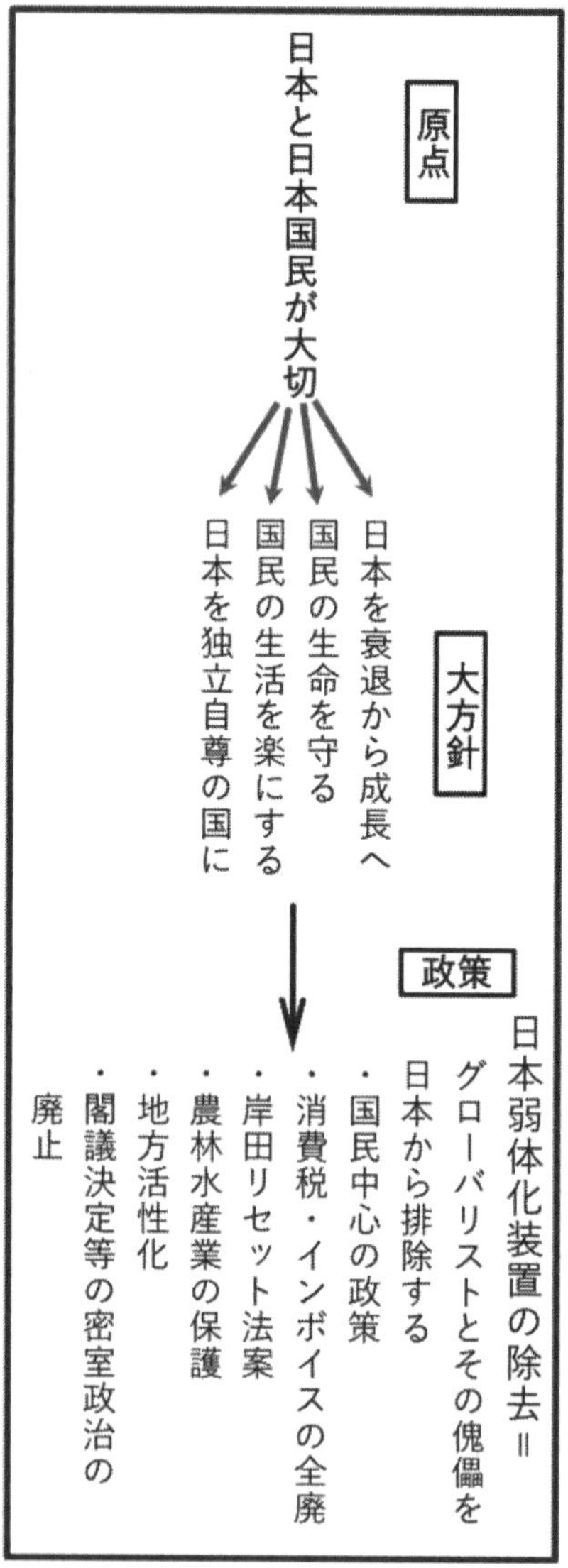

原口氏のような政治家を日本も世界も今まで持ったことがなかったのである。

半年以上の間、原口一博氏の数百本の動画を見ながら、（気持ちの上では）共に研鑽してきたのだが、これからがいよいよなのである。YouTubeの原口一博チャンネルを見ていただきたい。日頃馴染みのない政治の世界が生々しく伝わってくる。氏の語る明るく温かい日本の姿に目が開かれることは間違いない。

これからの日本と世界

これからの日本と世界がどうなってゆくのか……。

YouTubeなどのネット情報を見ると、相変わらず「2024年は首都圏で巨大地震発生」といった予言が出されている。こういう予言は、出す方も出す方、聞く方も聞く方で、商売の世界でしかない。この時期地震など来るに決まっているではないか。我々は備えておくしかないのである。

その一方で「グローバル勢力の圧力をはねのけ、いかに日本を取り戻すか」、「エセ保守たちに日本の青年・国民を殺させない」、「【米国大統領選】ウォール街は早くも〝もしトラ〟から〝ほぼトラ〟へ!!」などの現実的な課題や予測が目立つようになってきている。

「ほぼトラ」とは「米国大統領選はほぼトランプで確定」という意味だが、こういった予想を語ること自体が極めてばかばかしいことだ。実際にアメリカを見ていないから（または、一次情報を知らないから）、こういう脳天気なことを言えるのだ。

筆者はトランプがいいと思うが、そんなことは重要ではないのだ。軍事歴史専門家のマックス・フォン・シュラー氏は、次のように語る。

「アメリカは完全に崩壊して国としてはもはや存在しない」

「日本はアメリカは放っておいて、自分のことは自分でやる方向でいきましょう」

まったくマックスさんの言う通りで、それが私たちの出発点となる。

ワシントン（米国中枢）もウォール街（ドル経済中枢）もアメリカの国土や国民とは無関係に、それら自身の目的で商売をしている。FRB（連邦準備銀行）は、米国の銀行のような顔をしているが、アメリカ国家から独立したイカサマ金融機関であり、ドルによる世界支配を目的として今までやってきた。彼らDSは、現実のアメリカがどうなろうと構わないのだ。アメリカは自国通貨発行権を取り戻すしかないのだが、その動きも出始めている。

そのDSが今や断末魔の声をあげている。世界の半分以上の国々が米国を含むG7から離れて仲良くなり、ドルとは関係のない経済圏〝BRICS〟を作ってしまい、米ドルに対抗する商取引を加速し、やっていける公算が高いことが分かってしまったからだ。

日本も岸田首相と政府（ディープステートの傀儡）が国民無視の棄民政策を執り続けて、今や日本が滅亡しかねないところまで来てしまったが、皮肉なことに普通の国民がしっかりと目覚めてしまった。その最大の例が、筆者も参加したパンデミック条約反対デモである。

このデモはさらに規模を拡大しながら、繰り返し行われる予定になっている。今や、日本がまともな国になることは十分に予想可能になった。日本国民の目覚めは本章タイトル頁の「パンデミック条約反対デモ風景（2024／4／13@東池袋）」のごとく世界に広がっていくことだろう。

原口氏のYouTubeライブ動画には毎回、ハーバード大卒の〝ドラさん〟という名前（ハンドルネームは「どらえもん2」）の人物が声だけで登場する。このドラさんは極めて優秀な政界の生き字引のような方で、ドラさんが原口氏の動画に出演することで、リアリティーが何倍もアップするという希有な人物だ。

ドラさんは自称「八咫烏の後裔」で由緒ある家系の出身のようだ。ドラさんには超能力もあって、「原口さんが総理大臣になっているビジョンを見ている」そうである。筆者も同一のビジョンを共有している。

弥勒世完成を促す地球神

八百万の神という言葉からも分かるように、日本人は現在でも何となく〝多神教〟を信

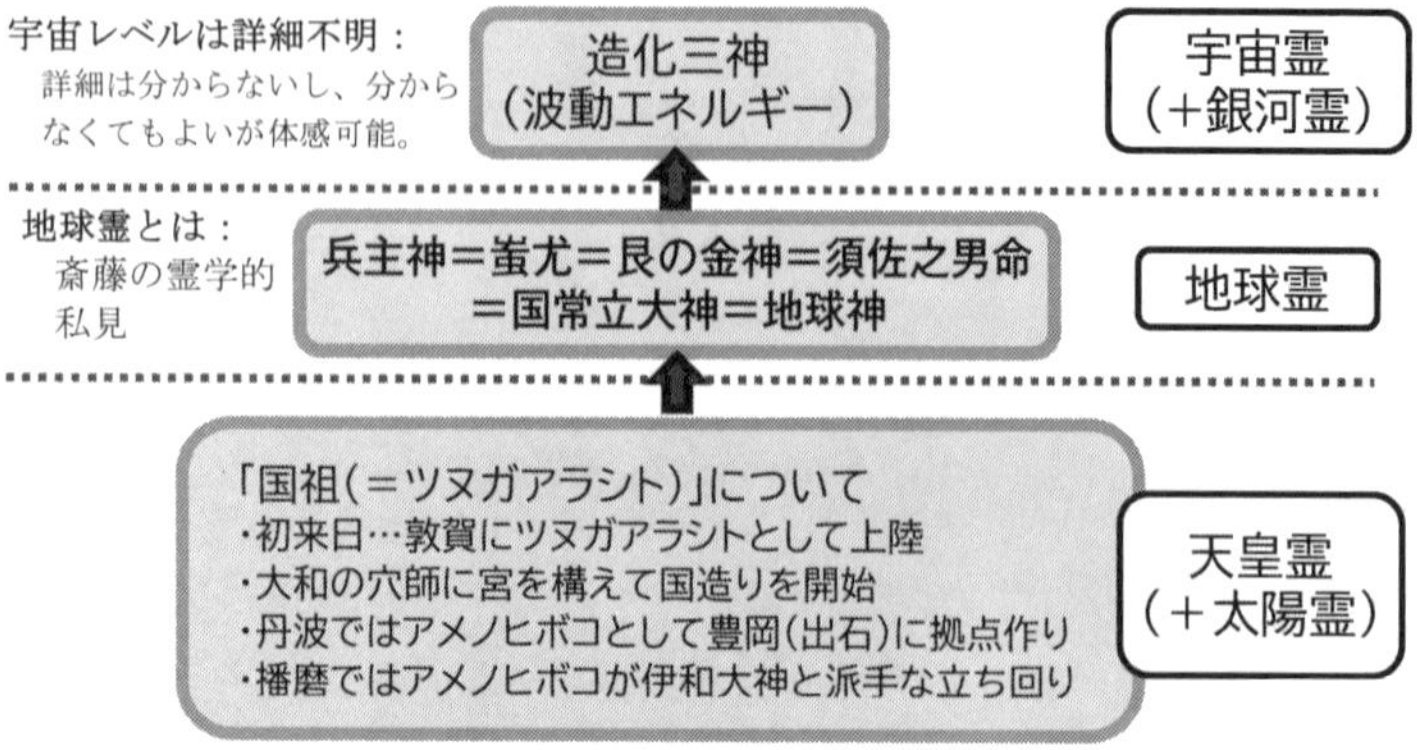
宇宙レベルは詳細不明：
詳細は分からないし、分からなくてもよいが体感可能。
造化三神
（波動エネルギー）
宇宙霊
（＋銀河霊）
地球霊とは：
斎藤の霊学的私見
兵主神＝蚩尤＝艮の金神＝須佐之男命
＝国常立大神＝地球神
地球霊
「国祖（＝ツヌガアラシト）」について
・初来日…敦賀にツヌガアラシトとして上陸
・大和の穴師に宮を構えて国造りを開始
・丹波ではアメノヒボコとして豊岡（出石）に拠点作り
・播磨ではアメノヒボコが伊和大神と派手な立ち回り
天皇霊
（＋太陽霊）
弥勒世完成では地球霊・国常立大神がお働きになる（詳細は第37章）

じており、当たり前に神さまにお参りするような国民性である。当たり前すぎて特に神を意識することはないが、人によっては熱心に特定の神さまを信仰したりするケースも多い。

弥勒世をお治《おさ》めになる神について、「あじまりかん＝一厘の仕組＝日本の中核神を明らかにすること」、あるいは、「艮の金神」、「地球神」、「国常立大神」等の言葉を使って話してきたが、おそらくイメージしにくいだろう。神という目に見えない存在について語っているので、ピンとこないのも無理はない。

「天皇霊＝日本の中核神」と「地球霊＝地球の中核神」が別々であるという事実を認識することはもっと難しい。

筆者が「地球神」という言葉を使う時、それは純粋な霊的存在を意味している。つまり、地球神は肉体を持って生まれてきたことがないということだ。

一方、「天皇霊」はかつて人間として生まれ、日本列島を縦横に駆け巡った存在である。天皇霊とは「生身の人間として生まれて日本建国を主導した人物で、現在は霊として認識される」存在である。

代々の天皇は大嘗祭の時に天皇霊を受けるのだが、実は天皇霊だけでなく、暗黙のうちに地球神をも受ける。そこのところは、おそらく筆者しか知らない（聞いたことはない）。一厘の仕組で表に出られた神は地球神であり、大本などの宗教では地球神を艮の金神という名前で呼んだのである。これは日本に降りてきていた神の仕組（計画）が完成段階に入ったという意味であり、神を知りたいという気持ちがある方ならば知っておいて損はない。

どうして艮の金神という名前なのかと言えば、艮の金神が裏鬼門の神で、裏鬼門は避けるべき方角だったからだ。

かなりの年配者しか知らないことだが、昔（特に戦前）は方違《かたたが》えなどという習俗があって、鬼神は避けるべき祟り神《たたがみ》・疫神《えきしん》として扱われていた。艮の金神は語ってはいけない埋没神であり、祟る（疫病などの災いをもたらすこと）から恐れられていた。最高に祟る神こそが最高に救う神なのだ。

崇る神は強い神であり、崇る神の中でも最高に恐ろしい神である艮の金神こそが弥勒世（＝現在）の主宰神なのである。超弩級の崇る神が弥勒世の主宰神であるということは、艮の金神という超強力な（崇りの）パワーを必要とする時代になったということだ。

もう少し分かりやすくいえば、艮の金神の超強力パワーで悪魔どもを地球上から追い払う必要があったということだ。大部分の悪魔は既に追い払われたが、まだ悪魔に乗っ取られた人間（ディープステートとか影の政府とか呼ばれる連中）が残って悪あがきしているところだ。大部分の善人のために悪魔がいなくなるところを見せるという勉強の意味もあって、一気に悪魔を消したりなさらないのだ。

神智学のような霊学では、色々な神さまの階層や歴史的な進化（神化）などについて大枠となる概念を与えてくれるが、「兵主神《ひょうずのかみ》＝蚩尤《しゆう》＝艮の金神＝須佐之男命《すさのおのみこと》＝国常立《くにとこたちの》大神＝地球神」の等式は、筆者独自の研究や霊的研鑽がなくては出てこないものだ。

数年前のことだ。記紀に登場する垂仁天皇と景行天皇が実際には同一人物「アメノヒボコ」が反映された天皇で、日本列島の神として兵主神を祀ったということが分かった。その結果、前掲図が完成した。

兵主神とは風雷神、冶金の神、武器の神で、中国での呼び方では蚩尤、日本神話中の呼び方としては素戔嗚尊《すさのおのみこと》となる。呼び方が異なっても実体は一つである。

地球神とスサノオの関係

国常立大神は須佐之男命（素戔嗚尊《すさのおのみこと》、以降「スサノオ」）として顕《あらわ》れる。スサノオならばご存じの方が多いのでイメージしやすい。

『古事記』の日本神話では、スサノオの父・イザナギは、アマテラスに天上界を、ツクヨミに夜の世界を、スサノオには「海原《うなばら》を知らせ」と命じている。海原とは地球のことで、スサノオは地球を統括する神として生まれたことになっている。

みんなが知っているスサノオは出雲の神さまで、八岐大蛇を退治したという神話が残されている。八岐大蛇の尾から出てきた刀は草薙剣《くさなぎのつるぎ》として尾《お》張《わり》の熱田神宮《あつたじんぐう》に納められている。草薙剣は神の剣

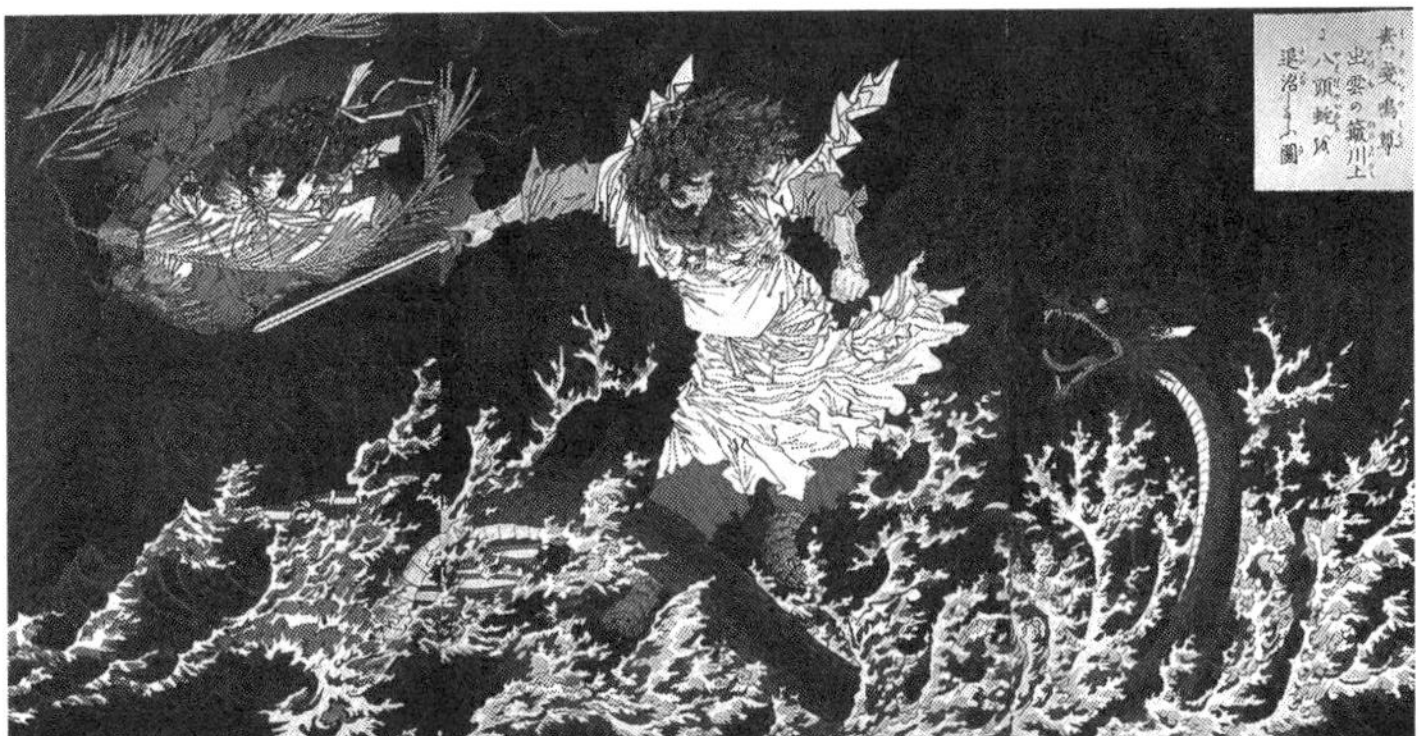

スサノオの絵といえば、月岡芳年『日本略史素戔嗚尊 出雲の簸川上に八頭蛇を退治し給う図』が秀逸

であり、現在では天皇すら見ることのできない神器である。

草薙剣は日本建国時に、ヤマトタケルから宮簀姫《みやずひめ》に、さらには、尾張の高倉下《たかくらじ》から神武天皇に渡された破邪の神剣である。拙著『エイリアンから日本人へ』で紹介した「神代三剣《かみよさんけん》UFO」の中心の剣である。

ここではスサノオの正体について検討しよう（参考：関裕二『スサノヲの正体』新潮新書）。

スサノオにはアメノヒボコ（ツヌガアラシト）という実在の人物が深く関わっている。アメノヒボコは鉄を求めて丹波から伽耶・新羅に行って、親の国・日本列島に帰ってきた。スサノオも新羅から日本にやってきたり、製鉄に深く関わったりと、アメノヒボコは非常に似ているが、それには深い理由がある。

その前に、アメノヒボコが行った国家的祭祀について触れておきたい。日本にやって来た直後に彼が行ったことが興味深い。掲載写真「氣比神宮《けひじんぐう》北東の土公《どこう》」、「桜井市出雲・ダンノダイラの天壇跡《てんだんあと》」をご覧いただきたい。

これらはアメノヒボコによる国家祭祀の遺跡である。

いずれも国家としての祭祀を行った三世紀頃の祭祀跡だ。土公は地神（イザサワケ＝社《しゃ》稷《しょく》の神＝御饌津神《みけつかみ》）を、天壇は天帝（太一《たいいつ》＝北極星）を祀ったものらしい。筆者は両祭祀跡を数年前から訪れて知っていた。
三世紀頃このような祀りを行った人物としては、アメノヒボコしか該当しない。当時の

土公と天壇

氣比神宮北東の土公（福井県敦賀市）

桜井市出雲・ダンノダイラの天壇跡

日本にはまだ統一国家は存在していなかった。そこに、アメノヒボコは当時の常識ではあり得ないような国家的祭祀を行ったことになる。誰もこれらの祭祀跡が持っている重大な意味に気付いた人はいないようだが、これらの祀りによって日本という国の原型が発祥したのだ。

筆者のアメノヒボコに関する知識は、関裕二氏の著作（『アメノヒボコ、謎の真相』河出書房新社、その他多数）から得られたものだが、関氏の著作群にも、前述のような国家的祭祀については、まったく論じられていない。

日本に帰ってくるやいなや国家的祭祀（中国大陸的な祭祀だったことに驚いた）を行ったアメノヒボコとは一体何者か⁉　また、アメノヒボコとスサノオの関係とは？？　その辺りの事情が分からなければ、スサノオの実像はつかめない。

『アメノヒボコ、謎の真相』では、〝大国主神は虚像であり、スサノヲ＝アメノヒボコこそ、「日本海で繰り広げられた歴史絵巻の中心に立っていた男」なのだ〟と結論している。

アメノヒボコがスサノオを祀った

だが、スサノオ＝アメノヒボコではない。スサノオはアメノヒボコをモデルとした存在だが、兵主神という実体が伴っていた。スサノオの原型は、アメノヒボコが桜井市で祀った兵主神である。

アメノヒボコは応神天皇の父（母は神功皇后）であり、その名の通り太陽神を彷彿とさせる人物だが、武内宿禰や住吉大神という名前の方が有名だ。お伽話の浦島太郎として語られた人物でもある（関裕二『浦島太郎は誰なのか』ワニ文庫）。

実を言えば、三輪山の大物主神とはアメノヒボコなのだ。崇神天皇の御世に、大物主神の霊威が強過ぎるため宮中でお祀りすることができなかった。崇神天皇はアメノヒボコ（＋神功皇后）を裏切ったので、彼らに**呪われた**（**崇《たた》られた**）ためだ。自分が神に崇《たた》られたので、呪った**神を崇《あが》め**たのだ。その事実を知っている人物が「**崇神《すじん》**」という漢風諡号を贈ったのである。そういう問題ありの天皇が崇神天皇だった。

大物主神は本当の太陽神である。驚くなかれ、**大物主神**＝**住吉大神**である。恐ろしくて祀りきれなくなった皇祖神を、先ず檜原《ひばら》神社に移し、さらに伊勢に移して斎宮《さいくう》に祀らせたのだ。伊勢の斎宮は現在の伊勢神宮とは全く別物で、場所（三重県多気郡明和町にある斎宮跡として残る）も異なる。

本当のアマテラスは男神・大物主＝アメノヒボコ＝皇祖神である。伊勢神宮は持統天皇

国史跡斎宮跡（三重県多気郡明和町）：伊勢神宮は持統天皇の代に別の場所に新たに作られた

と藤原不比等によって新たに作られた神社だ。表向きは女神の天照大御神が祀られているが、本物の太陽神・大物主神（＝住吉大神＝アメノヒボコ）は心御柱《しんのみはしら》として内宮正殿の床下に祀られている。とてもややこしい神社なのである。そんな事情を知るのは、歴史作家・関裕二氏と氏の作品の読者（筆者も）ぐらいのものだ。

『日本書紀』が編纂されて以来、日本の本当の信仰（強いて言えば物部神道や出石神道）は抹殺され、新たに伊勢神道（＝中臣神道）で置き換えられた。新しく作られた神道は、本当の神を徹底的に秘密にするという異常な目的で作られたものだ。

だから、日本の神々の正体は現在に至るも消されたり隠されたりしたままで、その正体など分かるはずがないような滅茶苦茶な状況なのである。そういう事実は歴史学者すら知らないし想像もできないというのが、日本の古代史研究が置かれた状況なのだ。

スサノオとはアメノヒボコがお祀りした兵主神《ひょうずのかみ》＝蚩尤《しゆう》で、霊的な存在である。通常はアメノヒボコとスサノオの区別がつかないため混同されやすいが、あくまでも別の実体なのだ。

そして、ここで述べたことが日本神道の根幹なのである。

スサノオは純粋な神霊である！

神に関する一般論だが、〇〇神という神がおられたとして、初めて〇〇神と呼ばれるようになった神の誕生日がある。神の信仰というものには起源があるという意味だ。

この世にスサノオという神が誕生したのは一体いつ頃のことなのかが気になったので、調べまくった。関裕二氏の関連著作も読みまくったのだが、結局、スサノオという名の神の起源に関しては分からなかった。

皆神山すさ氏の『兵主神で読み解く日本の古代史』（梓書院）に、「斉明天皇《さいめいてんのう》二年（六五六）、高句麗調進副司《こうくりちょうしんふくし》の伊利之《いりし》が来朝し、新羅の牛頭山《ごずさん》に座した須佐之男命の御神魂《ごしんこん》を八《や》坂郷《さかごう》に遷祀《せんし》したのに始まる」という記述を見出した。

　この記述からは、スサノオはアマテラスとセットではなく、単独で新羅の牛頭山に祀られていたことだけが分かる。日本におけるスサノオの起源は、アメノヒボコと共に兵主神として入って来たのだから、日本建国時にスサノオの原型が誕生したということになる。

　スサノオ→兵主神→蚩尤という実体関係を辿れば、起源は大陸側で遡ることができそうだ。皆神山氏の前掲著には次のような起源が語られる。


　ところで言語学者の川崎真治《かわさきしんじ》氏によると、中国神話の鋳物神《いものしん》、蚩尤《しゅう》は、青銅器文化の発祥地メソポタミア南部において、人類最古のウル・シュメール語で鋳物師《いもじ》を示すシムグ simug、シウ siu 略してシ si を語源としている。鋳物師の人類最古の呼称であるウル・シュメール語のシムグが東に伝播《でんぱん》して、古代中国の鋳《しゅ》 siu 蚩尤となった。


　前掲著では、日本では蚩尤が「鋳物師《いもじ》、息吹《いぶ》く、伊福部《いふくべ》、五百木部《いほきべ》、椋《むく》」のように変化したことが語られるが、いずれも金属精錬に携わる人たちを表わす言葉となっている。

　もっと早い時点で出雲の国引きがあった頃（?）、荒神谷遺跡や加茂岩倉遺跡に関わった人々にメソポタミアの地名「スサ」も付いてきて、自分たちの神（蚩尤）を「スサの王」と呼んでいたかもしれない。

「荒神谷の銅剣は蚩尤祭祀そのもの」ということが前掲著には書かれており、刀剣等の製作に関わっていた人々にとっては、蚩尤を祀ることは当然のことで、スサノオという名前は自然発生的なものだった可能性が高い。

　皆神山すさ氏の前掲著は、ほとんどの記事が韓半島の建国神話に登場する蚩尤（名前は朱蒙《しゅもう》や都牟《つむ》）を前提としている。スサノオが好きな日本人としては少し物足りないが、そもそも草薙剣の別名が都牟《つむ》刈《がり》之《の》太刀《たち》なので、スサノオが八岐大蛇から取り出した剣は都牟《つむ》＝蚩尤＝兵主神＝スサノオの霊的本体である。

　この事実から、**スサノオがアマテラスに草薙剣を渡したという物語は嘘**だということが分かる。**草薙剣はスサノオの魂そのもの**なのである。日本神話には政治的な嘘が多過ぎる！

原口一博衆議院議員はスサノオである!!

〝日本建国の神々〟やスサノオについて語ってきたが、一厘の仕組という神の計画が完成したからこそ語れるようになったのである。最近しばしば脳裏に浮かび上がるのは〝スサノオの復権〟ということだ。龍に乗って天翔《あまかけ》るスサノオの雄姿がありありと目に浮かぶ。

筆者は、そのスサノオのイメージに合致する人物を長期間注目し続けている。筆者が注目し続けているのは、衆議院議員の原口一博氏である。スサノオがついに姿を現わして政治家になって、日本と世界を変革されようとしている。**日本と世界は最初からスサノオが治めるべき世界だった**のだ。

スサノオの生き御魂である原口氏は、先ず最初にわが国の総理大臣になることだろう。そこから日本が現実的に変化してゆくことになる。ディープステート（＝悪のアメリカ）の傀儡国家から日本国民のための独立自尊の国へと変化を起こす。

前章のタイトル頁に、バハイ教のアブドル・バハの預言「日本は燎原の火のように燃え立つであろう」を掲載したが、その通りの出来事〝パンデミック条約反対デモ〟が起きてしまった。

この数ヶ月間筆者は「何か一厘の仕組みの完了を意味する事件が起きるはずだ」と思っていたのだが、ちゃんと起きたのである。このデモ行進は、筆者の人生で一番感動した出来事と言っても過言ではない。

トランプ元アメリカ大統領のスローガンMAGA（Make America Great Again ＝アメリ

カ合衆国を再び偉大な国にする）は決して起きない。代わりに「日本が建国理念通りの国になる」、すなわち、「日本再建国」とでもいうべき事態になってゆくであろう。

日本再建国の手始めが「衆議院の解散総選挙」であるが、それは時間の問題である。原口氏は現在「岸田政府を倒す方策」を練ることに余念がない。氏がいつも語っているのは「日本国民のための日本を作ろうと思う議員は〝この指止まれ！〟」だが、本当にそうなるだろう。その一声で日本は本来の姿を取り戻すのである。

【補記1】愛子天皇は必ず実現する

YouTube「新日本文化チャンネル桜」のライブ動画『【特別番組】日本人はグローバリズムといかに戦うか？［桜R6／3／26］』〈https://www.youtube.com/watch?v=ITlvsuMzfGA&t=90s〉に、本章で取り上げた〝龍〟の面々（石田和靖氏、及川幸久氏、ジェイソン・モーガン氏、原口一博氏、司会：水島総《さとる》氏）が出演した。

興味津々なので筆者はライブで視聴したのだが、その内容は、テーマに沿っており充実していた。それに気を良くして、翌日のライブ動画『【真相はこうだ！】ウクライナの敗北からEU解体―西欧の終焉〜川口マーン惠美［桜R6／3／27］』〈https://www.youtube.com/watch?v=ULfgYCBzZPc〉を視聴したが、その中に國体《こくたい》認識に関する問題を発見した。司会の水島氏は「皇位継承は男系男子」で凝り固まっている人物だった。

水島氏は「保守党は本当の保守ではなく反日勢力だった」という持論に沿った一例として、「小泉内閣の時には女系天皇まで持っていこうとした」と否定的な意味で発言した。それが大きな問題である。人間としての水島氏は好きだが、氏の皇位継承に関する意見については、「もっと勉強してよ」と注文を付けたくなる。

筆者には女系天皇問題を真剣に検討した時期があったのだが、「女系を忌避することは皇位の安定的継承にとって不適切＝間違い」なのだ。この主張は、〝龍〟の一人・篠原常一郎氏が、氏のYouTubeチャンネルで時間をかけて検討を進めている問題だ。水島氏の「男系男子」論は決して歴史的伝統を反映した主張ではなく、根本的な誤りである。

水島氏は勉強不足である。中学生でも分かるような簡単な確率計算ができないからだ。安定的皇位継承とは純粋に確率の問題で、「男だけ」よりも「男でも女でも」の方が皇統継続の確率が高まるという単純な話なのである。

これはおまけだが、律令時代、『養老令継嗣令《ようろうりょうけいしりょう》』には「凡《およ》そ皇兄弟・皇子は、皆親王と為す。女帝の子も亦《また》同じ」と記されており、中国の律令にはない規定となっている。

この問題を理解するには、「天皇がなくなる＝日本がなくなる」という國体論の本質まで深く踏み込む必要がある（本書では立ち入らない）。結論だけ言えば、「男系・女系は本来無関係で直系子孫（長子優先）が皇位を継承する＝愛子天皇の実現」が正しい。（↓拙著『愛子天皇と地球維新』日本建国社）

国民の八割は「愛子天皇待望」であり、百パーセント国民が正しい。こういう素直な見方が正解なのだ。

田中卓《たかし》氏が遺作『愛子さまが将来の天皇陛下ではいけませんか』（幻冬舎）で、あるいは、小田部雄次氏がYouTube動画『【敬宮愛子内親王殿下】女性天皇こそ時代の要請　内外に誇れる敬宮愛子さま』〈https://www.youtube.com/watch?v=9M9rNsVdc18&t=14s〉で語っておられる内容こそが正しい。

ここで皇位継承の原則を時代に対応させなければ、日本を守れない。本気で検討すれば「愛子さまが直ちに立太子され（＝皇太子になり）皇位継承される」という正解が出る。

愛子さまが今年の歌会始で歌われた歌、

幾年の　難き時代を　乗り越えて　和歌のことばは　我に響きぬ

は、愛子さまのお人柄が伝わってくるだけでなく、彼女も我々と同様、困難な時代を乗り越えておられることが正直に表現されている。

彼女ほど天皇となられるのに相応しい方は他にはおられない。

それにもかかわらず、頑なに「男系男子」を主張する不勉強な自称愛国者が多いことは残念である。

水島氏は影響力が大きいだけに、皇位継承問題で口を開けば飛び出す「男系男子」には閉口する。関裕二氏の『女系で読み解く天皇の古代史』（PHP新書）を読んで、正しい皇位継承の歴史に目を開いていただきたいと思う。

男系継承や万世一系などの要件は「そうあって欲しい」という願望に過ぎず、証明できない以上、天皇という存在の本質ではない。

日本の大王は〝日嗣《ひつぎ》〟という言葉のごとく、継承すべき霊《ひ》（天皇霊）によって、その地位が保証されるものだ。よって、宮内庁の役人が決められるような性質のものではない。

だから、現在の皇位継承問題は、〝天皇霊を受ける皇位継承者の資質〟抜きには絶対に解決しない。現在、皇位継承に相応しい資質を持たれた方は敬宮愛子さまのみである。

現実的対応としては、皇室典範第一条の「皇位は、皇統に属する男系の男子が、これを継承する。」を「皇位は、皇統に属する子孫が、これを継承する。」に変えるだけでＯＫとなる。手続きとしても極めて簡単なのである。

〝天皇霊を受ける皇位継承者の資質〟の判定が一番難しそうだが、実は簡単なのである。**皇位継承資格者を国民が判断すればよい**のだ。国民は直観的に敬宮愛子さまの天皇としての資質を感知しており、〝愛子さま大好き〟状態になっているのだ。〝愛子さま大好き〟という国民感情で決めれば正解なのである。アジマリカン理論ではそうなるのである。

【補記2】明治維新と地球維新の決定的な違い

「第三章　日本の中核神を表に出す」の最後の一行「4．明治維新と地球維新の決定的な違い（もう一つの明治維新＝幕府主体の近代化）」について補足したい。

司馬遼太郎の明治維新に関する歴史観は綺麗事であり、司馬史観は捨て去られなければならない。特にお金（資金）の問題がまったく（ほとんど）小説に反映されていないので、司馬史観は綺麗事なのだ。

筆者も過去の『あじまりかん通信』で、明治維新の英雄・坂本竜馬のことを肯定的に取り上げた記憶がある。その理由はかなり偶然で、司馬遼太郎の『竜馬がゆく』を読んで、氏の筆先にまんまと騙されたのだ。

だが、一、二年のうちに自分の中で明治維新や坂本龍馬のイメージが変わってきた。「明治維新というのは自分たちが教えられたような文明開化ではないし、龍馬という男は何だか暗黒部分（特に英国との関わり）がある」という感覚が育ってきた。だからこそ「明治維新と地球維新の決定的な違い」などというメモを章の最後に残したのだ。

米スタンフォード大学フーヴァー研究所の西鋭夫《としお》教授が「坂本龍馬は一体誰からお金をもらっていたのか考えてみてください」と語っていたが、もっともな疑問である。（西鋭夫『新説・明治維新［改訂版］』ダイレクト出版）

明治維新というものを考える上で、西教授の「龍馬は誰から資金提供を受けていたか」という問いかけが大きなヒントになる（『【伝説のスピーチ】「日本はこれから黄金時代になると思います」日本が強くなるために知るべき〝明治維新・坂本龍馬の真実〟』〈https://www.youtube.com/watch?v=fPYn3pq3mwg〉）。

日本人が自主的に明治維新を起こしたというのは全くの勘違いで、欧米列強が金力と武力で（日本人に巨額の借金を負わせて）日本人同士を戦わせたに過ぎない。典型的な両立て作戦でやられたのだ。

紙数がないので結論を急ぐが、「日本は明治維新の前後で、金力と武力に勝る欧米列強にしてやられただけ」なのだ。日本国内で日本人同士が戦争する必要はまったくなかったし、それは避けられたはずなのである。そのことが分かっていた河井継之助のような人物もいたが、彼らの声は明治維新前後の混沌の中で掻き消されてしまったのだ。

筆者的には江戸時代の方が素晴らしかったという認識なのである。江戸時代の日本の美風を否定されたくなかった。

明治維新は日本が列強の手の上で踊らされたのであって、文明開化ではなく文明劣化なのだ。江戸の日本人は素晴らしかったし、（話は飛ぶが）太平洋戦争での日本の兵隊さんは偉《えら》かったのだ。もっともっと日本本来の文化や歴史に自信を持たなければならない。

実際、欧米列強のもたらした文明よりも、日本の歴史・伝統、国民性がかもし出す日本文化・日本文明の方が勝《まさ》っている。これは魂的な価値観（真善美）の問題である。江戸時代までの方がはるかに美しかった。

明治維新については別の作品で改めて検討するつもりだが、地球維新とは「世界が日本一国となり完全平和を達成する」という出来事で、一厘の仕組が完成した結果として起きるのだ。戦争ばかりしていた明治政府とはまったく異なる神国日本が姿を現わすのである。

明治維新と地球維新は出来事の構造は似ているが、内容はまったく異なる。そこのところを勘違いしてはいけない。

地球維新に関しては拙著『結び、愛国、地球維新』や『愛子天皇と地球維新』（いずれも日本建国社）を参照されたい。

【補記3】本当の歴史＝関裕二史観について

「関裕二史観」というのは筆者だけが使用する用語で、歴史作家・関裕二氏の一連の著作を読んだ結果として「関氏の歴史的主張が（完璧ではないものの）一番正しい」と判断し、編み出した用語である。

現時点で発表されている日本の歴史は正しいものが存在しないが、唯一の例外が〝関裕二史観〟である。関裕二史観がどれくらい素晴らしいのかと言えば、「文化勲章百個分の素晴らしさ」だと言いたくなってしまう。

YouTube の原口一博チャンネルには、八咫烏の子孫と伝えられているドラさん（どらえもん）という方が声だけで登場しておられる。そのドラさんが TOLAND_VLOG チャンネルに実名〝松田光世〟で出演されていた（『騒ぎになる可能性があります。あくまで自己責任でご覧ください。』〈https://www.youtube.com/watch?v=ihf3Q60qjJ0〉）。

この動画の内容に関しては、タイトルからも分かるように、視聴者判断に委ねられる要素が満載だった。松田氏はご自身の正体について〝伊勢系統の八咫烏の子孫で、他に出雲系統の八咫烏の子孫がいるはず〟と語っていた。

筆者は関裕二史観を知っているので、松田氏が語る歴史については、「自分が知っている日本の古代史とは違うが、話のつじつまは合っている……」と、少し心を動かされた。

本書の主目的は筆者の歴史観を伝えようとするものではないため詳細は省くが、八咫烏も天皇家もご当人が本当の歴史は知らないのではないか。出雲国造家《いずもこくそうけ》も同様だと思う。

八咫烏とは、松田氏の伝えられた口伝の開始年代（推古天皇在世時）よりもさらに昔（日本建国時代＝三世紀）の存在なのだ。TOLAND_VLOGチャンネルの若手二名が聞き役に回って、松田氏の話に驚いていたのだが、『日本書紀』史観（一番問題がある！）に影響されたものでしかなく、驚くほどの内容ではなかった。

語り部としての松田氏は「自分は伊勢神宮の氏子」と仰っていた。だが、「内宮と外宮は一対でどちらも大切」はOKとしても、「外宮の豊受大神は天之御中主」にはガッカリした。この種の伝承は丹後の海部《あまべ》氏によって後から付け足された誤謬で、本質ではない。

さらに、八咫烏は日本建国時の人物だから、松田氏が伊勢神宮（関裕二史観では、現在の伊勢神宮は持統天皇によって七世紀に創設された神社）の氏子である必然性が不明である。

伊勢神宮創設と同時に、日本民族のそれ以前の神道（物部神道と出石神道が混在）は消されてしまい、伊勢神道そのものが新規にでっち上げられたものなのだ。その意味で松田氏という語り部は、そうとは知らずに嘘ばかり語っているのである。

筆者が理解した日本古代史は、関裕二史観をベースとして、筆者独自の霊的認識情報で補強したものである。筆者の日本古代史を真剣に語る時が近付いてきているようである。

【補記4】三つのイスラエルについて

筆者は拙著『アジマリカンの降臨』の執筆中に不思議な霊体験をした。その霊体験を後になって「イスラエル体験」と名付けたが、次のような体験だ。

執筆に疲れて横になってウトウトしていると、筆者の身体に霊的な風が吹き込んできた。その時筆者が自然に認識したのは「これはイスラエルの霊だ」ということだった。

また「霊的な実体は風が吹き込むように流れ込んでくるのだな。何だか面白い……」という感慨を持ったのだ。

筆者の〝イスラエル体験〟がきっかけになって、若い頃に見た夢「自分がウルトラマン風のボディスーツを着た人物（異星人だと分かっていた）と長時間の組打ちをして（＝相撲を取って）、闘いの途中で目が覚めた」ことを思い出した。

この夢が『旧約聖書』の創世記に登場するヤコブという人物の体験であることを知ったのは、創世記のヤコブ関連物語を読んだ時である。自分がヤコブになった夢を見たことは事実であり、夢から覚める時に「自分はアイツに負けなかった」という思いがあったことも事実である。

少なくとも、自分が『旧約聖書』のヤコブという人物のカルマを負っているということは分かるのだ。その夢から、筆者は色々なイスラエルに関する情報を何となく引き出すことができるようになった。

イスラエルには、以下の三種類がある。

1．ヤコブ自身（異星人からイスラエルという名前をもらった当人）。
2．イスラエル十二支族の血を引く人々＝真正ユダヤ人↓十支族＋αは日本に吸収された。
3．『旧約聖書』を読んでユダヤ教徒になった人々＝偽ユダヤ人で中核はシオニスト悪魔。

シオニストユダヤ人は前記の3に含まれるが、一番たちの悪い人たちだということになる。イスラエルについて特に大切なことは、「真正ユダヤ人を導いたのがイスラエル（ヤコブ）の霊」だということだ。一厘の仕組には、ヤコブ（非常に罪深い人間である）の悪いカルマを浄化して、残った真正イスラエル人を救済する事業が含まれている。

自分が真正イスラエル人であると自覚する人々は日本人になればよい。それがイスラエル人の最終的な救済となる。シオニスト悪魔は地球世界では無用となり追放される。

浅川嘉富氏のように「悪魔的魂は消去される」という見解もある（『コロナ・終末・分岐点　魂のゆく道は3つある！』浅川嘉富&岡靖洋）。だが、筆者は浅川氏の意見には同意しない。神は「全人類を丸ごと助ける」と仰っているからだ。

浅川氏の見解は龍神系のメッセージに影響されたものらしいが、神の大御心には〝魂の消去〟などという意図は含まれていない。だいたい、悪魔ですら神に与えられた使命があるのに、それを消滅させてしまうというのは、神の自己矛盾である。

浅川氏の「悪人の魂が消去される説」は間違っている。悪魔は別次元の霊体なので、我々が悪魔の正体を見破れば、悪魔のたまり場のような場所（物理的宇宙ではない）に落とされるだろう。

【補記5】どうして戦わなければならないのか

4月13日のパンデミック条約反対デモに参加して、分かったことがある。それは「普通の日本人が世界の巨悪に対して立ち上がって戦わなければならない」ということだ。戦うというのは、「多分」とか「できれば」ではなく、「必ず（＝MUST）」ということである。

2024年５月31日、日比谷大決起集会＆デモのチラシ

戦わずに天を向いて待っていても、何も得られるものはなく、戦って得たものだけが自分たちの力となる、という意味だ。

会報最終号の表紙を飾ったのは4月13日の『東池袋パンデミック条約反対デモ』の一場面だが、5月31日には日比谷公園で、数倍の規模で大決起集会と日比谷デモ（パレード）が開催された。

筆者も七十歳となり、体力的には必ずしも完全ではないが、そんなことは言っていられない。5月31日の日比谷公園の集会&デモにも参加してきた。

筆者も遅ればせながら日本を愛する人間の一人として、この種の闘いに参加していきたいと考えている。

読者の皆さんの心にも、本章タイトル頁のごとく日本人としての灯が付けば、筆者にとってこれ以上嬉しいことはない。もっとも5月31日は最終号の発行前なので、事前に情報をお伝えすることはできない。それが少し残念である。

編集子は日本人として、この身体が元気なうちは戦い続けよう、あるいは、同じ志の方との出会いを求めて旅をしようと思っている。

あじまりかん通信は第40号で最終となったが、あじまりかん友の会は筆者が元気な限り続けるつもりだ。今後も執筆や出版等の仕事を続けようと誓いを新たにした（以上、『あじまりかん通信　第40号』編集後記より）。

表題の「どうして戦わねばならないのか」について補足しよう。

これは〝戦う理由があるから〟である。その理由とは、〝現在という時が地球人類史の最終戦争で、全人類が当事者となっているから〟としか言いようがない。

日本は北極海から見ればロシアの隣国

図「日本は北極海から見ればロシアの隣国」からも明らかなように、日本はロシアの隣国であり、ウクライナは遠い国である。岸田首相はウクライナに対して巨額の復興支援金を約束したようだが、彼がやっていることは破れかぶれ＝「やってはいけないことの見本市」である。思わず「日本を戦争に叩きこむ気か!?」と悲鳴を上げたくなる。いい加減日本人も岸田首相に愛想を尽かしたことだと思う。

パンデミックと言い、ロシア・ウクライナ戦と言い、巨視的に見れば、これらはすべて一厘の仕組における**とどめの戦**の一部なのだ。ニュースなどで報じられる戦争はほんの一部で、見えない戦い（特に情報戦・思想戦）の方が多いし、筆者は悪魔との（霊的な）戦争がメインである。

とどめの戦という以上、この戦を乗り越えれば世界は本当の平和を迎えることになる。その結末は今のところは見えていないが、起こるべき戦争は起きるだろうし、戦うべき情報戦は戦わなければならない。しかし、絶対に諦めてはだめである。

戦争をしたがっているのは、今や落ち目のG7国家群である。ウクライナは既に負けており、収束させるしかないのである。筆者はあくまでもロシアの方に共感する。なぜだか分からないが「プーチン頑張れ、トランプ頑張れ、どちらも踏ん張ってくれ」、「岸田引っ込め!!」なのである。日本は隣人のロシアや北朝鮮と仲良くすればよいのである。

筆者は今、魂の戦い、祈りの戦いの最中である。筆者の場合、祈りといってもただ「アジマリカン」を念じるのみだ。そういう戦い方もあるのではないかと思うようになった。戦わずにポーッとしていても、救世主は降りて来ない。なぜなら、あなたや人類の一人一人が最終戦争の当事者だからである。あなたが当事者だということならば、あなたが目覚めて救世主（実は戦士）の自覚を得るしかないのだ。救世主とは常に戦う存在なのである。

さて、筆者が今一番心配しているのは、戦わない人々のことだ。これは、政府やメディアによって完全に洗脳されてしまった人々のことだ。そういう人たちは戦うどころではなく、自分の生活のことしか考えていない。壊れそうになっている日本のことも思わない。ある意味、自己中《じこちゅう》の人たちである。

浅川嘉富氏は『コロナ・終末・分岐点　魂のゆく道は3つある!』の中で、「残りの半分以上の人は魂の抹消」という悲惨な末路を見てきたように語っているが、本当だろうか？

人間の親である神が、いかに出来が悪いとはいえ、自分の子供たちを永久に抹消するなどということがあるだろうか。浅川氏の前掲著には何か引っかかるものを感じるのである。戦う人から見れば、何もしない人たちに対して歯がゆいと思うのは仕方のないことだが、大神はそういう人たちも助けると言われるのだ。浅川氏の見解は大神の御心ではなく、龍神（人間よりも霊格が低い）に影響されたものではないだろうか。

昔から、龍神系の神示（例：『由来記—宇宙創造より自在限定にいたる』大国之宮東京支部）は陰惨な内容のものが多い。また、龍神のお告げは厳しく激しいけれども、慈愛にとぼしいのではないかと感じることがある。だから、やたらに「滅びるぞ」とか「魂を消す」などという言葉が出てくるのだ。

〝一厘の仕組〟というのは、そういう龍神系の神業とは異なり、神の大御心によってなされるものなのだ。「できる限り助ける」というのが大神の御心である。〝魂の抹消〟はない。

政治体制が変われば常識も変わる。現在は地球的規模で政治体制に神の心が入って、世界システム（特に政治＝まつりごと）がひっくり返る時である。神ということが誰にも分かる時代が間近なのである。そうなれば、洗脳されていた人々の目覚めも期待できる。

日本の政治家（例：衆議院議員・原口一博氏）が、ごく普通に神を語る時代になっている。原口氏の語り口がまったく自然で、自分自身が新型コロナワクチンで死にかけた体験を正直に語る中で、神に助けられたことや人に助けられたことを極めて自然に語っているのである。

氏はある人の助言〝龍を集めなさい〟に素直に従って、優れた人材に目を付けて、動画の中で「〇〇さんは龍の一人」とか「龍がどんどん集まっている」などと語り続けている。同じ龍でも原口氏が語る龍は「戦う優れた人物」という意味合いのもので、氏ご自身はあくまでも優しい。

原口氏のような議員が増えてくれれば、政治の中枢に神の光が入ってゆくので、今までなかったような神の世界が地上に降りてくる。弥勒世とはそういう時代で、明治以来の歪んだ政治体制が正され、神の心が入った政体が実現されるのである。

弥勒世は着々と完成に向かっている。洗脳された戦わない人たちのことは放っておいて、気付いた人から、その人なりに可能な方法で参戦すればよいのである。

本章タイトルの「弥勒世完成が確定した！」とは、弥勒世の完成に至る道筋が決まったという意味で、その道筋を私たち日本人と人類は歩んでいくのである。まだまだ大変な時を超えてゆかなければならないが、神とともに〝希望〟を持って進んでゆこうと思う。

案ずるより生むが易し。

おわりに

筆者が会報や本を執筆する時は、自分の言葉で書くようにしている。どうしてこういう当たり前のことを言うのか説明が必要である。こういうことだ。

世に流通する神示と称する文書は神が媒介者を通じて語るという方式を取る。神示を降ろす神の正体は容易には判明しない場合が多いのだが、上から目線の偉そうな語り口になっているだけでなく、随分妙な方言で古臭い感じで語ることが多い。神示と言えば、出口なおの『大本神諭』、出口王仁三郎の『霊界物語』、岡本天明の『日月神示』がすぐに思い浮かぶ。

これらの神示という文書は、見えない世界に神という存在がいて、神の言葉を取り継ぐ人間がいるという「神と人の二重構造」が特徴である。これらの神示の特徴を整理してみよう。

・一般的なことを含め、だいたい正しいそうなことを言う。（例：臣民には神と同じ分霊

さづけてあるのざから、みがけば神になるのぞ）

・神は一昔前の丹波辺りの方言（口語）を使う。八咫烏や国祖アメノヒボコも丹波とつながりが深いので、丹波は日本建国の重要な震源地である。

・記紀、特に『古事記』の神話や歴史を前提としている。

・解釈の仕方が何通りもあると語る。よって、意味不明の箇所、日付や数字も多い。謎かけも多い。

・媒介者（取り継ぎ）は自己意識がない（建前上）。よって、神示を降ろす人には責任が発生しない。

・読み手の生き方や心がけなどをうんざりするほどしつこく命令する。親心か？

・過去の戦争等の直近の出来事には詳しい。

・近未来の大災厄を予言し立替え立直しを警告する。

・弥勒の世という嬉し嬉しの世界到来を予告し「改心せよ」と言う。

・実生活で役に立つような知識を授ける。

・世の中の見方や起きていることに対する正しい認識とは何かをくどくど語る。

筆者はこういう神示の方式は好きではないが、これらの神示は人類史の最終局面とされる「最終戦争」について告げているので、仕方なく参照している。

神示とはこういうものだから、神の存在を認める立場からは、一般論として受け入れやすいし勉強になることも多い。ところが筆者の場合、神示全般に対して根本的な疑問を感じることがある。

疑問というのは「どうして媒介者が自分の言葉で神の心を語らないのか？」というものだ。筆者がそういう疑問を発するのは、神という存在が筆者にとっては他者ではなく自分の中に実在するものだからだ。筆者のこの状態は〝アジマリカン〟を唱えた結果である。その時以来、筆者にとって神という存在は普通の当たり前の存在になったからである。

筆者の場合、神と自分とは一体であって、『あじまりかん通信』の記事を書いているのは神と一体化した自分だから、神示形式ではなく散文形式（普通の口語）となる。神示のような勿体《もったい》ぶった表現を取る場合には、神と人が別々だから「神が人の身体を乗っ取って（無理やり）お筆先を書かせる」ことになっている。弥勒世ではお筆先は不自然である。

筆者は前記のように自覚しているが、ふだんの筆者を外から見ても誰も神だとは思えないし、事実、齢七十の坂を越えた普通の爺《じい》さんにしか見えない。神と一体化してはいても、筆者が語ること全部が正しい保証はないし、そんなことははじめから不可能である。よって、人は私の書いたものではなく既存の神示の方を百倍ありがたがるのである。

大本の出口王仁三郎以降の媒介者であれば、我々と同等か同等以上の知性も教養も人生経験もあるはずだ。彼らであれば、自分の言葉として現代語で神示を語れたはずだ。

そうならなかったのは、人々の意識が神示形式に依存しているからである。つまり、媒介者が神示を現代語の散文形式で語ってしまったら、誰も神示とは思わなかっただろうということだ。しかし、神は今やお筆先ではなく普通の人の中に入って働かれるのである。

『日月神示』などには以上のような問題点があるが、最大の問題点は「記紀、特に『古事記』の神話や歴史を前提としている」ことである。これが間違っているので大問題なのだ。

どうして日本の歴史が間違っているのかについては、本書の範囲を越えるため詳細は省くが、ひとまず「我々が学ぶ日本の歴史（特に『日本書紀』）は意図的に塗り替えられた歴史であり、正しくない」という前提を受け入れていただきたい。

一厘の仕組を遂行するには日本の歴史を正しく理解していなければならない。なぜならば、正しい歴史理解から日本の神の正体が判明するからである。

今まで一厘の仕組をやり遂げる人が出てこなかったのには、「日本の中核神を見つけることができていなかった」という事情がある。つまり、記紀に依存した誤った歴史しか知らない出口王仁三郎や岡本天明では一厘の仕組は遂行不可能だったということだ。

昨今はネットや書籍で日本の古代史は随分見直されているし、様々な新解釈も飛び出しているが、それらの日本古代史はすべて誤っていた。これは無理のない話で、歴史作家・関裕二氏が一群の作品を発表するまでは、正しい日本古代史は存在しなかったからだ。

関裕二氏の発表している日本古代史を、筆者は〝関裕二史観〟と呼んでいるが、これがなかったら一厘の仕組は遂行できなかったのだ。

なぜか？　正しい歴史を知らないと、日本の中核神の真の姿が見えてこないからだ。

事実、前記のご両人では天皇霊の正体も艮の金神（須佐之男命）も表に出すことはできなかった。学んでいないことは実行できないからである。

2022年初夏、艮の金神（大魔神）が表に出た！　一厘の仕組が完成した証拠となるイラストである。ゆるキャラ「ツヌガ君」は天皇霊・ツヌガアラシト

筆者は関裕二氏の作品群に助けられて、日本の国祖（＝天皇霊）と兵主神《ひょうずのかみ》（＝艮の金神＝須佐之男命）を知識と魂の両面から認識した。確かに日本の歴史の中に神が隠されていた。

さらに、今までの会報や著作を通じて、関裕二史観に基づく正しい歴史を提示するように努めた。その結果として、天皇霊＋艮の金神（須佐之男命）が裏から表に飛び出したのだ。

その徴《しるし》が、昨年末の神の声「一厘の仕組は完成し

た」だったのである。実時間では、天皇霊＋艮の金神は、２０２２年6月に表に出た（本頁画像）。

筆者は、令和時代＝徳仁天皇の在世中に「うれしうれしの弥勒の世」になると確信していたが、**既に起きてしまった**。一厘の仕組が完成したことによって、徳仁天皇は世界天皇となられたのである。

「徳仁天皇＝世界天皇」は最初から決まっていたことなので、いずれハッキリと形の世界に現われてくるはずだ。

『日月神示』研究家の中矢伸一氏は『神仕組み　令和の日本と世界』（徳間書店）の中で、日月神示の中の〝てんし様〟は日本の天皇のことで、世界天皇になられる方と推定するに留まっている。

『日月神示』の研究家の中には、現在の天皇陛下（徳仁天皇）がてんし様（世界天皇）であることを突き止めた方もいる（参考ＨＰ：『時節概論』〈https://sumeramichi.net/meiki/jisetsu-gairon.html〉）。ただし、参考ＨＰの『時節概論』でも、筆者のように断定するところまでは語っていないし、『時節概論』を素人が読むには難し過ぎる。分かりやすくなければ駄目なのだ。

筆者は「徳仁（なるひと）天皇が世界天皇である」とハッキリ語るが、それは筆者が

「徳仁天皇こそが弥勒世の中心者として立たれるお方である」と認識しているからだ。徳仁天皇は必ず世界天皇になる（語呂合わせを笑うなかれ）。

ここで次のような疑問が生じる。筆者のように神を自覚した状態で自分の言葉で語るのと、神が筆記者に乗り移って神示を降ろすのと、どっちが本物だろうか。

世界は従来の神示や予言の通りにはならなかったし、これからもならないだろう。既に現時点で「**弥勒世の神の元での新秩序＝日本の仕組**」が開始されている。

米国＝ＤＳの支配は終わりを迎えている。**ついに日本の黄金時代が開始された**のである。

愛国心をなくした人間は地球にいられなくなって消えてゆくだろうが、これも人智であれこれ考えなくてよい。考えても分からないことまで気にしていたら身が持たないからだ。

衆議院議員・原口一博氏は本文中の主役となった観がある。氏は今朝も日課としておられる早朝三本以上のライブ配信で、現在起きている出来事や問題（例：インボイス等の重税）についてレポートしながら、「僕らが戦っている相手は驕《おご》ったパワーエリートたち」と、闘志満々だ。原口氏の毎日の動画配信は、本当に勉強になるし、その努力には頭が下がる。

原口氏が動画で語り続けている内容には〝コロナ（567《みろく》）〟という一本の大きな幹がある。氏の動画を通じて、**今や新型コロナウイルス＆ワクチン関連騒動はＤＳの自作自演**

であり、ワクチンとは金儲け（利益の山分け）の道具であることが明らかになった。ワクチン推進派（日本政府が本丸⁉）がワクチン反対派に貼り付けた〝陰謀論〟のレッテルだが、ＤＳが数百年かけて練り上げた陰謀そのものであった。

ワクチン反対派の勝利は間近である（素朴な普通の人々の勝ち）。神さまは語呂合わせ（親父ギャグ⁉）がお好きで、「**５６７《ころな》を越えてゆくことで五六七世《みろくよ》が完成する**」と、実地で教えられたのである。

実は**地球神・素戔嗚尊が原口氏を通じて語っている**のである。**我々人類は神の心と一致した指導者を得た。**それだけでも超々大奇跡である。

文中に登場した「神世三剣ＵＦＯ」は宇宙側からのメッセージだが、**素戔嗚尊（原口氏）に神剣が返還された、**すなわち、原口氏は破邪の神剣を使うのである。

一厘の仕組が完成したことにより、日本の仕組が発動された。これから世界は日本一国になってゆく。そうなっていかざるを得ない。それが日本の仕組なのである。

衛星放送のヒストリーチャンネルで『**【特集・予言】**ノストラダムス・エフェクト〜予言と黙示録＃８　ニュートンの終末予測』という番組を見て、次のようなことを考えた。

一厘の仕組とは、黙示録の仕組を日本に吸収してしまい、日本の仕組へと浄化＆昇華することによって、弥勒世を完成させるための神の最終計画である、と。

黙示録の仕組とはイスラエルの仕組に他ならない。イスラエルとは『旧約聖書』の創世記に登場するヤコブの別名である（拙著『日本建国の秘密　ヤコブ編』参照）。ヤコブ＝イスラエルの霊を持った筆者が一厘の仕組を遂行して、地球神＝素戔嗚尊を明確に認識することによって、表に出してしまった。

一厘の仕組が存在したのは世界中のどこでもなく日本である。その意味を考えなければならない。日本は神国の中の神国であり、日本には地球の中核神が約二千年前から臨在されている。その神が、日本の天皇を中心として地球世界をお治めになる。

その手始めとしてコロナ関連の嘘がばれて、**すべてがひっくり返る！**

それに続いて、日本と世界は弥勒世完成に向けて急速に歩みを進めていくだろう。弥勒世が苦しみ少なく迅速《じんそく》に完成することを祈る。

あじまりかん。

令和六年六月吉日　斎藤敏一

参考文献

『すべてがひっくり返る』斎藤敏一、ヒカルランド、2018年
『すべてがひっくり返る　続編』斎藤敏一、ヒカルランド、2019年
『「一輪の秘密」が完全解明された！　アジマリカンの降臨』斎藤敏一、日本建国社、2017年
『唱えるだけで願いが叶う「あじまりかん」の法則』斎藤敏一、クリエイトブックス、2017年
『あじまりかん通信』斎藤敏一編著、あじまりかん友の会、2018年～2024年
『黒船（UFO）だ、開港せよ！　結び、愛国、地球維新』斎藤敏一、日本建国社、2022年
『愛子天皇と地球維新　とどめの戦を勝ち抜く』斎藤敏一、日本建国社、2022年
『UFOは第二の黒船だ』坂元ツトム、たま出版、1975年
『宇宙からの黙示録』渡辺大起、徳間書店、1982年
『エイリアンインタビュー』ローレンス・R・スペンサー編集、2015年
『霊界物語』出口王仁三郎
『ひふみ神示』岡本天明、1940年代
『エイリアンから日本人へ　神世三剣UFOが最終戦争への勝利を告知した』斎藤敏一、日本建国社、2023年
『神々の予定表』山田高明、株式会社サイゾー、2016年
『古事記と日本国の世界的使命　蘇る『生命の實相』神道篇』谷口雅春、光明思想社、2008年

『徐福王国相模　古代秘史・秦氏の刻む歴史』前田豊、彩流社、2010年
『縄文宇宙文明の謎　太古日本の世界王朝と超古代核戦争の真相』高橋良典、日本文芸社、1995年
『超古代日本語が世界の共通語だった！　岩刻文字（ペトログラフ）が明かした古代〝ワン・ワールド〟の謎』吉田信啓、徳間書店、1991年
『太古、日本の王は世界を治めた！　神代文字が明かす消された歴史の謎』高橋良典、徳間書店、1994年
『天平の甍』井上靖、中央公論社、1957年
『天皇諡号が語る古代史の真相』関祐二、祥伝社新書、2016年
『いまわたしたちが知って受け入れるべき【この宇宙の重大な超現実】』高島康司、ヒカルランド、2016年
『隠されてきた光と闇の「秘密宇宙プログラム」のすべて』佐野美代子、VOICE、2023年
『あり得ない世界【SSP：秘密宇宙計画】のすべて　想定超突破の世界がやって来た！』Dr.マイケル・E・サラ、高島康司監訳、ヒカルランド、2017年
『完全版　新説　古事記Ⅱ：UFOを自在に駆使した神々の宇宙工学』山田久延彦、徳間書店、1995年
『限りなく日本を愛す』谷口雅春、日本教文社、1965年
『神道入門（その一）解説編』山蔭基央、白馬出版、1978年

『天孫降臨／日本古代史の闇　神武の驚くべき正体』コンノケンイチ、徳間書店、2008年
『先代舊事本紀　訓註』大野七三編、新人物往来社、1989年
『龍蛇族直系の日本人よ！　その超潜在パワーのすべてを解き放て』浅川嘉富著、ヒカルランド、2011年
『宇宙船天空に満つる日』渡辺大起・山本耕一、徳間書店、1993年
『謀略の女帝　持統天皇』関裕二、フットワーク出版社、1992年
『「一輪の秘密」が完全解明された！　アジマリカンの降臨』斎藤敏一、日本建国社、2017年
『日本とはどんな国』佐藤定吉、たま出版、1979年
『神道の神秘　古神道の思想と行法』山蔭基央、春秋社、2000年
『天皇諡号が語る古代史の真相』関裕二監修、祥伝社新書、2016年
『日本には建国の父がいた！　日本建国の秘密　ヒボコ編』斎藤敏一、日本建国社、2020年
『アメリカの終わり』山中泉、方丈社、2021年
『アメリカの崩壊』山中泉、方丈社、2022年
『2024年世界の真実』馬渕睦夫、WAC、2023年
『アメリカ人が語る　内戦で崩壊するアメリカ』マックス・フォン・シュラー、ハート出版、2024年
『胎内記憶図鑑』のぶみ、池川明監修、講談社、2022年
『私が見た未来　完全版』たつき涼、飛鳥新社、2022年

『最新版　大予言』ＧＡＫＫＥＮ、２００７年
『ガンになった原口一博が気付いたことー吉野敏明との対話』原口一博、吉野敏明、聖林堂、２０２４年
『きょうから始めるコロナワクチン解毒17の方法　打ってしまったワクチンから逃げきる完全ガイド』井上正康、方丈社、２０２３年
『なぜ、医師の私が命がけでＷＨＯ脱退を呼びかけるのか？』井上正康、方丈社、２０２４年
『エイリアンから日本人へ』斎藤敏一、日本建国社、２０２３年
『日本建国の秘密　ヤコブ編』斎藤敏一、日本建国社、２０２１年
『神仕組み　令和の日本と世界』中矢伸一、徳間書店、２０１９年
『コロナ・終末・分岐点　魂のゆく道は3つある！』浅川嘉富＆岡靖洋、ヒカルランド、２０２０年
『新説・明治維新［改訂版］』西鋭夫、ダイレクト出版、２０１７年
『由来記―宇宙創造より自在限定にいたる』大国之宮東京支部、１９８２年

斎藤敏一　さいとう としかず
あじまりかん行者。あじまりかん友の会主宰。日本建国社代表。神が分かる作家&プログラマー。
一九五三年、福井県勝山市生まれ。一九七二年、神戸大学理学部物理学科入学と同時に神の探求を開始。大学卒業時に「見神体験」と同時に社会人となる。映像系技術者兼プログラマーとして研鑽後、独立プログラマーとして多くのソフト開発に従事。現在は執筆・講演等を通じて「あじまりかん」の普及を行う。
著作：『あじまりかんの法則』（クリエイトブックス）。『すべてがひっくり返る』、『すべてがひっくり返る 続編』（ヒカルランド）。『日本建国の秘密　ヒボコ編』（銀河書籍）。『アジマリカンの降臨』、『日本建国の秘密 ヤコブ編』、『結び、愛国、地球維新』、『愛子天皇と地球維新』、『エイリアンから日本人へ』（日本建国社）など。

メール→ tomonokai@ajimarikan.com
ホームページ→ https://ajimarikan.com/

すべてがひっくり返る［完結編］

これから世界は【日本一国】になる?!

アジマリカンと艮の金神〈一厘の仕組み〉の奥義

第一刷　2024年9月30日

著者　斎藤敏一

発行人　石井健資

発行所　株式会社ヒカルランド

〒162-0821　東京都新宿区津久戸町3-11　TH1ビル6F

電話　03-6265-0852　ファックス　03-6265-0853

http://www.hikaruland.co.jp　info@hikaruland.co.jp

振替　00180-8-496587

本文・カバー・製本　中央精版印刷株式会社

DTP　株式会社キャップス

編集担当　伊藤愛子

ISBN978-4-86742-421-6

あじまりかん通信バックナンバー

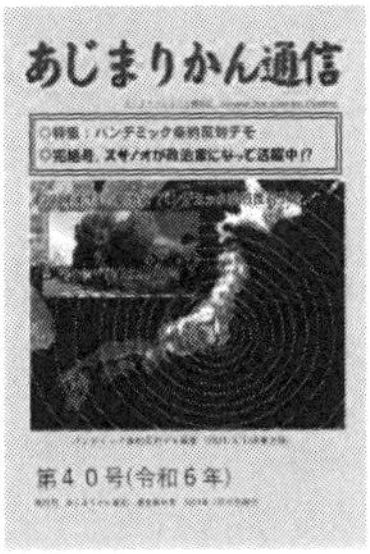

機関誌『あじまりかん通信』の
バックナンバーについて

創刊号から第40号まで、バックナンバーとして販売しています。
先ず、会の方に電話、または、メールでご連絡下さい。

・振込先：郵便局口座記号番号：00210-9-87379
　口座名称：アジマリカントモノカイ

・連絡先：〒252-0333　神奈川県相模原市南区東大沼4-11-10
　あじまりかん友の会　斎藤敏一
　MAIL　tomonokai@ajimarikan.com
　TEL　042-705-6457

〈ホームページからも本を購入できます〉
・本の購入は　→　https://ajimarikan.com/books/

イチオシ! AWG ORIGIN®

電極パットを背中と腰につけて寝るだけ。生体細胞を傷つけない 69 種類の安全な周波数を体内に流すことで、体内の電子の流れを整え、生命力を高めます。体に蓄積した不要なものを排出して、代謝アップに期待！ 体内のソマチッドが喜びます。

A. 血液ハピハピ&毒素バイバイコース
（60分）8,000円
B. 免疫 POWER UP バリバリコース
（60分）8,000円
C. 血液ハピハピ&毒素バイバイ＋
免疫 POWER UP バリバリコース
（120分）16,000円
D. 脳力解放「ブレインオン」併用コース
（60分）12,000円
E. AWG ORIGIN®プレミアムコース
（9回）55,000円
（60分×9回）各回8,000円

プレミアムメニュー

①血液ハピハピ&毒素バイバイコース
②免疫 POWER UP バリバリコース
③お腹元気コース
④身体中サラサラコース
⑤毒素やっつけコース
⑥老廃物サヨナラコース
⑦⑧⑨スペシャルコース

※２週間～１か月に１度、通っていただくことをおすすめします。

※Ｅはその都度のお支払いもできます。　※180分／24,000円のコースもあります。
※妊娠中・ペースメーカーをご使用の方にはご案内できません。

イチオシ!【フォトンビーム×タイムウェーバー】

フォトンビーム開発者である小川陽吉氏によるフォトンビームセミナー動画（約 15 分）をご覧いただいた後、タイムウェーバーでチャクラのバランスをチェック、またはタイムウェーバーで経絡をチェック致します。

ご自身の気になる所、バランスが崩れている所にビームを３か所照射。

その後タイムウェーバーで照射後のチャクラバランスを再度チェック致します。
※追加の照射：3000 円 /1 照射につきご注意
・ペットボトルのミネラルウォーターをお持ちいただけたらフォトンビームを照射致します。

人のエネルギー発生器ミトコンドリアを
40億倍活性化！

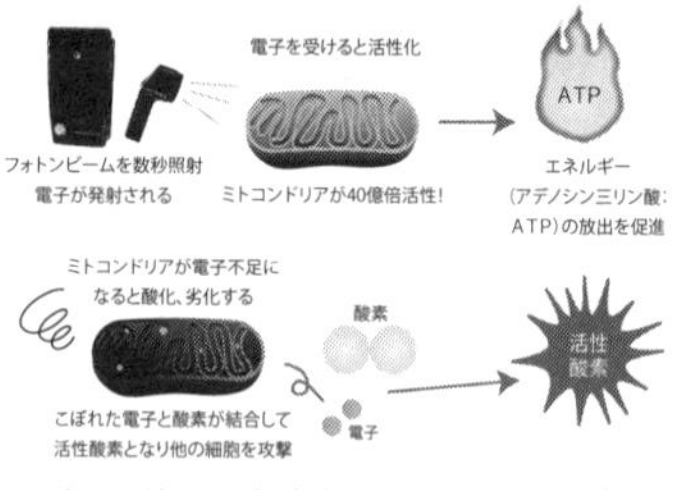

ミトコンドリアは細胞内で人の活動エネルギーを生み出しています。**フォトンビームをあてるとさらに元気になります。光子発生装置であり、酸化還元装置であるフォトンビームはミトコンドリアを数秒で 40 億倍活性化させます。**

3照射　18000円（税込）所要時間：30～40分

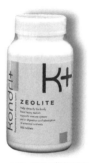

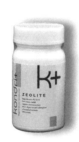

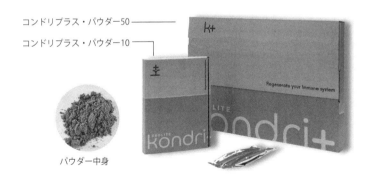

元祖だしさぷりの凄さはペプチド

ＮＡＳＡ（米航空宇宙局）の技術を駆使し、当製品では「人間の小腸よりも細かい目の膜、限外濾過膜」を通すことで、脂の微粒子が徹底的に除去され、タンパク質も効率的に吸収されるペプチド状態が実現されています。ここに、「Gセラミクス」を配合し、製品のさらなるパワーアップを図っています。

化学的に作られた調味成分・塩分は使用しておりません。天然だしなので、赤ちゃんの離乳食や小さなお子様、ご高齢の方まで、安心してお召し上がりいただけます。昆布も原木椎茸も無臭ニンニクも同様の製法で低分子になっています！　その為、強い細胞膜で守られたグルタミン酸、イノシン酸、原木椎茸に含まれるグアニル酸も余すことなく溶けだしています。

- 防爆抽出器を使用して乳化させる
- 浸透膜フィルターを使いペプチド化している
- 全てが天然成分＆Ｇセラミクス原材料
- 10分で血液に浸透します

濃縮タイプのダシに、
Gセラミクス配合で、
さらにパワーアップ！

元祖だしさぷり

23,112円（税込）

内容量:30包
原材料　天然出汁ペプチド粉末（澱粉分解物、カタクチイワシ、カツオ、昆布、原木栽培椎茸、無臭ニンニク）、牡蠣殻焼成カルシウム、天然ゼオライト

ご注文はヒカルランドパークまで TEL03-5225-2671　https://www.hikaruland.co.jp/